JUTAKU KADAI 06

住宅課題賞2017
[建築系大学住宅課題優秀作品展]

Residential Studio Project Award 2017

はじめに

「住宅課題賞」(建築系大学住宅課題優秀作品展)は、東京建築士会事業委員会主催により、2001(平成13)年より毎年企画・開催しております。会場のギャラリー エー クワッド様には、展示空間を長年ご提供いただき感謝申し上げます。特別協賛の総合資格様には、2012(平成24)年より「JUTAKUKADAI」を企画・監修・出版いただき、各大学の設計課題を取りまとめた書籍は、学校教育において貴重な資料として喜ばれており、感謝申し上げます。そして、その他多くの関係各位のご協力により、17年目の第17回「住宅課題賞」を迎えることができました。

住宅課題賞は、東京圏に位置する大学を対象として、建築系学科等で行なわれている建築設計授業の中から、住宅課題における優秀作品を各校・各学科1作品ずつ推薦していただき、それらを一堂に集めた展示会として開催しているものです。また、この中から特に優れた作品を公開審査により、「優秀賞」として顕彰しております。回を重ねるごとに、参加大学も増え、第17回は37大学48学科の参加・出展をいただいております。

住宅課題賞は建築を学ぶ学生のみなさんに建築の基本である住宅の設計を通して、建築の楽しさを知り、その社会的な意義への理解を深めてもらおうとするものです。また、学生のみなさんと大学の教員の方々並びに第一線で活躍されている建築家とを結ぶ場として、そして大学における建築教育の情報交換と研鑽による向上を目的として企画されたもので、各大学間における情報交換と学生間の交流の場としても定着しております。今後の建築文化を担う学生のみならず、建築界・大学にとっても有意義なものになると考えております。

一般社団法人 東京建築士会

Preface

The Residential Studio Project Award (University Architecture Students' Residential Studio Project Outstanding Works Exhibit), organized by the Projects Committee of the Tokyo Society of Architects and Building Engineers, has been planned and held annually since 2001. We are grateful for the generosity of Gallery A Quad in providing display space since the award was founded. We would also like to thank Sogo Shikaku Co. Ltd., which since 2012 has planned, supervised, and published a volume collecting the design projects of participating universities entitled *JUTAKUKADAI*. These volumes have proved valuable resources for educational purposes. Thanks to the cooperation of these and others, the Award is now in its seventeen year.

The Residential Studio Project Award requests the architecture-related departments of universities located in the Tokyo area to recommend one work of outstanding quality from among the residential-topic-related projects done by students in each school and department and these works are presented together as an exhibition. The "Prize for Excellence" is awarded, following a final open screening, to particularly outstanding works among those in the exhibit. The number of universities has increased each year and for the seventeenth exhibit, 48 departments of 37 universities have participated.

The Residential Studio Project Award aims to help architecture students experience the joy of architecture and deepen their understanding of its social significance through the design of a residential building, which is fundamental to architecture. As a forum where students and university teachers come into contact with architects engaged at the front lines of the profession today and planned for the purpose of raising the level of education in architecture through information exchange and focused endeavor, the Award has become firmly established as the scene of information exchange among universities as well as among students.

We believe the Award will continue to make a significant contribution not only to the careers of the students who will carry on the culture of architecture but to the architectural profession and to the universities that provide basic training in the field.

Tokyo Society of Architects and Building Engineers

住宅課題賞への協賛にあたって

建築士をはじめとする、有資格者の育成を通して、建築・建設業界に貢献する——それを企業理念として、私たち総合資格学院は創業以来、建築関係を中心とした資格スクールを営んできました。そして、この事業を通じ、安心・安全な社会づくりに寄与していくことこそが当社の使命であると考えております。

その一環として、建築に関する仕事を目指している学生の方々が、夢をあきらめることなく、建築の世界に進むことができるよう、さまざまな支援を全国で行なっております。卒業設計展への協賛やその作品集の発行、就職セミナーなどは代表的な例です。

住宅課題賞は、建築の基本である住宅をテーマにしており、また大学の課題作品を対象にし、指導教員の情報交換の場となることも意図して企画されたと伺いました。その点に深く共感し、協賛させていただき、また作品集を発行しております。

本作品集は2017年版で6巻目となりました。時代の変化は早く、1巻目を発行した6年前とは社会状況は大きく異なります。特に近年は、人口減少時代に入った影響が顕著に表れ始め、人の生き方や社会の在り方が大きな転換期を迎えていると実感します。建築業界においても、建築家をはじめとした技術者の役割が見直される時期を迎えています。そのようなことを踏まえ、作品集では、課題を出題した教員の方々数人にインタビュー取材を行っております。教員の方々が時代の変化をどのように捉え、どういった問題意識を持ち、設計教育に臨んでいるのか——。本インタビュー記事から、これからの建築家や技術者の在り方の一端が見えてくると思います。

住宅課題賞に参加された方々が本作品展を通し、新しい建築のあり方を構築され、さらに将来、家づくり、都市づくり、国づくりに貢献されることを期待しております。

総合資格学院 学院長・岸 隆司

Cooperation with the Residential Studio Project Award

Contributing to the architecture and construction business through training for various kinds of qualifications has been the corporate ideal of Sogo Shikaku Gakuin since its founding as a mainly educational enterprise specializing in architecture-related certifications. Our mission is to help build a safer, more secure society. As part of this mission, Sogo Shikaku Gakuin provides support of different kinds to encourage students throughout Japan aiming to work in the field of architecture to pursue their dreams and enter the architectural profession. Its main forms of support are active cooperation in the holding of exhibits of graduation design works, publication of collections of student works, and holding of seminars for job-hunting students.

The Residential Studio Project Award centers on the theme of the dwelling, that structure so fundamental to architecture, and we understand that the Award is targeted at university student projects and is designed to be a forum for information exchange among their teachers. Sogo Shikaku celebrates these purposes and supports the Award.

The 2017 collection of works exhibited for the Residential Studio Project Award is the sixth published so far. Times have changed rapidly and conditions in society are quite different today than they were six years ago when the first collection came out. Particularly in recent years we are seeing the signs of the major turning point in the way people live and the nature of society as the impact of decreasing population begins to be felt. One phenomenon of the changes is the reevaluation of the role of architects and other technical experts in the building and architectural design industries. For this collection, therefore, we include a number of interviews with the professors who assigned the topics in the residential studio projects. We asked them for their ideas about the changes in the times and what they see as the major topics of concern as they pursue their teaching of architectural design. We hope that the interviews in the volume might add insight about the future for careers in architecture and engineering.

We hope that all those who participated in the Residential Studio Project Award exhibit will be engaged in the building of new ideas for architecture and will go on to contribute to house building, city building, and nation building for the future.

Kishi Takashi
President, Sogo Shikaku Gakuin

目次 | contents

016────**住宅課題賞2017│公開審査ドキュメント**
038────**審査員採点表**

042────**住宅課題賞2017│入選作品**

044────
01│宇都宮大学 工学部 建設学科 建築学コース
課題名：集合住宅
出題教員：大嶽陽徳
指導教員：若松 均
入選者：3年生・カレロ友希恵

048────
02│神奈川大学 工学部 建築学科 建築デザインコース
課題名：Rurban House──地域に開かれたスペースをもつ住宅
出題教員：山家京子
指導教員：山家京子、石田敏明、吉岡寛之、田野耕平、猪熊 純、
アリソン理恵
入選者：2年生・向 咲重

052────
**03│関東学院大学 建築・環境学部 建築・環境学科
すまいデザインコース**
課題名：都市／住宅
出題教員：村山 徹
指導教員：粕谷淳司、奥野公章、村山 徹
入選者：3年生・菅野 楓

056────
04│共立女子大学 家政学部 建築・デザイン学科 建築コース
課題名：コミュニティスペース『ひとをつなぐばしょ』がある住まい
出題／指導教員：工藤良子
入選者：2年生・新道香織

060────
05│慶應義塾大学 環境情報学部
課題名：他者と暮らす住宅
出題教員：松川昌平
指導教員：松川昌平、鳴川 肇、菊池豊栄
入選者：1年生・杉本晴子

064────
06│工学院大学 建築学部 建築学科
課題名：外のある家
出題教員：冨永祥子
指導教員：木下庸子、冨永祥子、小林直弘、大塚 篤、阿部俊彦、
今村 幹、梅中美緒、高呂卓志、高塚章夫、細谷 功、松葉邦彦、
中道 淳
入選者：2年生・鈴木展子

068────
07│工学院大学 建築学部 建築デザイン学科
課題名：都市居住（都市施設を併設させた新しい都市のかたち）
出題教員：木下庸子
指導教員：木下庸子、西森陸雄、藤木隆明、星 卓志、
Kearney Michael、金箱温春、山門和枝、小川真樹、沢瀬 学
入選者：3年生・日下あすか

072────
08│工学院大学 建築学部 まちづくり学科
課題名：水辺に建つクリエイターを目指す若者のドミトリー
出題教員：木下庸子
指導教員：木下庸子、冨永祥子、小林直弘、大塚 篤、阿部俊彦、
今村 幹、梅中美緒、高呂卓志、高塚章夫、細谷 功、松葉邦彦、中道 淳
入選者：2年生・坂上直子

076────
09│国士舘大学 理工学部 理工学科 建築学系
課題名：「ギャラリーのある家」の設計
出題教員：伊藤潤一、須川哲也、鈴木丈晴、高階澄人、吉本大史、
南 泰裕
指導教員：鈴木丈晴
入選者：2年生・舘 優里菜

080────
**10│駒沢女子大学 人文学部 住空間デザイン学科
建築デザインコース**
課題名：ダガヤサンドウに住むとしたら
出題教員／指導教員：太田清一、茂木弥生子
入選者：3年生・田中くるみ

084────
11│芝浦工業大学 工学部 建築学科
課題名：様々に変化する生活シーンを考えた住宅
出題教員：郷田修身
指導教員：功刀 強
入選者：2年生・畑野晃平

088────
**12│首都大学東京 都市環境学部 都市環境学科
建築都市コース**
課題名：名作から考える
出題教員：一ノ瀬雅之、猪熊 純、富永大毅、宮内義孝
指導教員：宮内義孝
入選者：3年生・美代純平

092────
**13│昭和女子大学 生活科学部 環境デザイン学科
建築・インテリアデザインコース**
課題名：私たちの長屋──三宿に暮らす──
出題教員：高橋 堅、手嶋 保、栃澤麻利、杉浦久子
指導教員：高橋 堅
入選者：3年生・杉本 萌

096────
**14│女子美術大学 芸術学部 デザイン・工芸学科
環境デザイン専攻**
課題名：集合住宅計画・景観デザイン
出題教員：飯村和道
指導教員：飯村和道、下田倫子
入選者：3年生・角田梨菜

100────
**15│多摩美術大学 美術学部 環境デザイン学科
インテリアデザインコース**
課題名：風景の中の住空間── 一家がくつろげる週末住宅──
出題教員／指導教員：田淵 諭
入選者：1年生・小林亮太

104

16│千葉大学 工学部 都市環境システム学科

課題名：MAD City House

出題教員／指導教員：峯田 建、船木幸子、森永良丙

入選者：2年生・桐生慎子

108

17│千葉工業大学 工学部 建築都市環境学科 建築設計コース

課題名：「流れ」のある住宅設計

出題教員：遠藤政樹

指導教員：石原健也、今村創平、遠藤政樹、佐々木珠穂、多田脩二、
千葉貴司

入選者：2年生・水沢綸志

112

18│筑波大学 芸術専門学群 デザイン専攻 建築デザイン領域

課題名：都心の住宅地に建つコンドミニアム

出題教員／指導教員：花里俊廣

入選者：3年生・細坂 桃

116

19│東海大学 工学部 建築学科

課題名：ヤネのあるイエ・リツメンのないイエ

出題教員：吉松秀樹

指導教員：吉松秀樹、山﨑俊裕、渡邉研司、古見演良、山縣 洋、
河内一泰、田島芳竹、白子秀隆、山下貴成、山口紗由

入選者：2年生・窪田帆南

120

20│東京大学 工学部 建築学科

課題名：旧公団A団地リノベ計画

出題教員：大月敏雄

指導教員：西出和彦、大月敏雄、松田雄二、佐藤 淳、井本佐保里、
青木弘司、海法 圭、能作淳平、萬代基介

入選者：3年生・福田暁子

124

21│東京家政学院大学 現代生活学部 生活デザイン学科

課題名：シェアハウス／〇〇が集まって棲む家

出題教員：瀬川康秀

指導教員：原口秀昭、瀬川康秀、前鶴謙二

入選者：3年生・渡邊 泉

128

22│東京藝術大学 美術学部 建築科

課題名：住宅I

出題教員：藤村龍至

指導教員：藤村龍至、八島正年、市川竜吾

入選者：2年生・上林修司

132

23│東京電機大学 未来科学部 建築学科

課題名：集合住宅の設計

出題教員：山田あすか

指導教員：中山 薫

入選者：2年生・齋藤美優

136

24│東京都市大学 工学部 建築学科

課題名：畳のある集合住宅

出題教員：手塚貴晴、柏木穂波、栗田祥弘、冨川浩史、松井 亮

指導教員：手塚貴晴

入選者：2年生・工藤浩平

140

25│東京理科大学 工学部 建築学科

課題名：根津に住む

出題教員：石橋敦之、薩田英男、船木幸子、細谷 仁、峯田 建、
熊谷亮平、岩澤浩一

指導教員：熊谷亮平

入選者：2年生・髙橋和佳奈

144

26│東京理科大学 工学部第二部 建築学科

課題名：金町の住宅

出題教員：栢木まどか、今村水紀、木島千嘉、新堀 学、長谷川祥久、
蜂屋景二、三戸 淳、常山未央

指導教員：三戸 淳

入選者：2年生・藤井和馬

148

27│東京理科大学 理工学部 建築学科

課題名：都市にたつ戸建て住宅

出題教員：垣野義典

指導教員：森 清敏

入選者：2年生・奥村夢大

152

28│東洋大学 理工学部 建築学科

課題名：複雑さを許容する住宅

出題教員／指導教員：篠崎正彦

入選者：2年生・櫻井優輔

156

29│日本大学 芸術学部 デザイン学科

課題名：私の舎

出題教員／指導教員：熊谷廣己

入選者：2年生・岡本 強

160

30│日本大学 生産工学部 建築工学科 建築総合コース

課題名：街に開く集住体——神楽坂の集合住宅

出題教員：内村綾乃

指導教員：前田啓介

入選者：3年生・渡邉健太郎

164

31│日本大学 生産工学部 建築工学科 建築デザインコース

課題名：大学前の大久保に集合住宅を設計する

出題教員／指導教員：泉 幸甫、森山ちはる

入選者：3年生・高野真実

168

32│日本大学 生産工学部 建築工学科 居住空間デザインコース

課題名：〇〇の住宅

出題教員／指導教員：渡辺 康、木下道郎

入選者：2年生・堀内那央

172

33 | 日本大学 理工学部 建築学科
課題名：住宅
出題教員：佐藤慎也、山中新太郎
指導教員：仲條 雪
入選者：2年生・鳥山亜紗子

176

34 | 日本大学 理工学部 海洋建築工学科
課題名：北十間川の集合住宅——美術館と水辺に隣接する集住体
出題教員：筒井紀博、小林直明
指導教員：内海智行、小野和幸、小林直明、佐藤浩平、神野郁也、
玉上貴人、筒井 潤、水野吉樹
入選者：2年生・服部 立

180

35 | 日本工業大学 工学部 建築学科
課題名：賄い付き下宿・再考
出題教員／指導教員：小川次郎、平林政道、小山大吾
入選者：2年生・宮澤拓磨

184

36 | 日本工業大学 工学部 生活環境デザイン学科
課題名：シェアハウスの設計
出題教員／指導教員：足立 真、白子秀隆
入選者：2年生・鳴海彩乃

188

37 | 日本女子大学 家政学部 住居学科
居住環境デザイン専攻・建築デザイン専攻
課題名：街とくらす、21人のための家
出題教員：宮 晶子、石川孝重、東 利恵、定行まり子、片山伸也、
實神尚史
指導教員：實神尚史
入選者：2年生・小林春香

192

38 | 文化学園大学 造形学部 建築・インテリア学科
住生活デザインコース
課題名：○○のある低層集合住宅
出題教員：龍口元哉
指導教員：龍口元哉、久木章江
入選者：3年生・村田優人アンジェロ功一

196

39 | 法政大学 デザイン工学部 建築学科
課題名：Tokyo Guest House
出題教員：渡辺真理、下吹越武人、後藤 武、Zeuler Lima
指導教員：下吹越武人
入選者：3年生・不破駿平

200

40 | 前橋工科大学 工学部 建築学科
課題名：水路のある低・中層集合住宅の設計
出題教員／指導教員：石川恒夫、木島千嘉、石黒由紀
入選者：3年生・高屋敷友香

204

41 | 前橋工科大学 工学部 総合デザイン工学科
課題名：前工大生村——集まって住む楽しさのデザイン——
出題教員／指導教員：松井 淳、稲見成能、橋倉 誠
入選者：2年生・大木有菜

208

42 | 武蔵野大学 工学部 建築デザイン学科
課題名：働きながら住む10世帯の空間
出題教員／指導教員：水谷俊博、伊藤泰彦、大塚 聡、藤野高志、
松島潤平
入選者：3年生・秋元晴奈

212

43 | 武蔵野美術大学 造形学部 建築学科
課題名：成城プロジェクト——住宅＋αの新しい可能性を提案する——
出題教員：布施 茂
指導教員：布施 茂、三幣順一
入選者：3年生・渡邉 和

216

44 | 明海大学 不動産学部 不動産学科 デザインコース
課題名：今日的な役割を持つ共用住宅（シェアハウス）
出題教員／指導教員：鈴木陽子、塚原光顕
入選者：3年生・神 友里恵

220

45 | 明治大学 理工学部 建築学科
課題名：目黒川沿いの集合住宅
出題教員：大河内 学
指導教員：前田道雄
入選者：2年生・大方利希也

224

46 | ものつくり大学 技能工芸学部 建設学科
建築デザインコース
課題名：集合小住宅——新しい生活の場を求めて——
出題教員／指導教員：藤原成曉
入選者：3年生・桐淵玲央

228

47 | 横浜国立大学 理工学部 建築都市・環境系学科 建築EP
課題名：「2つある」住宅
出題教員：仲 俊治
指導教員：藤原徹平、仲 俊治、針谷將史、御手洗 龍、松井さやか、
山下真平
入選者：2年生・金 俊浩

232

48 | 早稲田大学 理工学術院 創造理工学部 建築学科
課題名：早稲田のまちに染み出すキャンパスと住まい
——Activate Waseda——
出題教員／指導教員：入江正之、渡辺仁史、佐藤 滋、後藤春彦、
有賀 隆、中谷礼仁、小岩正樹、藤井由理、渡邊大志、阿部俊彦、
小林恵吾、山村 健、斎藤信吾
入選者：2年生・江尻悠介

236—— **住宅課題賞2017 | 課題出題教員インタビュー**

246—— **住宅課題賞 | 歴代参加大学・学科リスト**
250—— **住宅課題賞 | 各回インフォメーション＋受賞作品**

住宅課題賞2017｜公開審査ドキュメント

住宅課題賞2017｜公開審査ドキュメント

日時： 2017年11月25日（土）13：00 − 17：00
場所： 竹中工務店 東京本店（東京都江東区新砂1-1-1）2F Aホール

審査員長： 植田 実（編集者）
審査員（50音順）： 小西泰孝（武蔵野美術大学造形学部建築学科教授／小西泰孝建築構造設計）
中川エリカ（中川エリカ建築設計事務所）
藤村龍至（東京藝術大学美術学部建築科准教授／RFA）
前田圭介（UID）
司会進行： 城戸崎和佐（京都造形芸術大学環境デザイン学科教授／城戸崎和佐建築設計事務所）
［審査員プロフィール等は、2017年度時点の情報に基づく］

城戸崎｜本年の住宅課題賞には37大学48学科が出展しています。審査員の先生方には午前中の巡回審査を経て、全ての学生さんへのコメント（各作品ページに掲載）をいただき、1人7票、投票をお願いしました。得票の少ない順に紹介していきますので、応援演説がある方はぜひお願いします。まずは1票を獲得した作品から

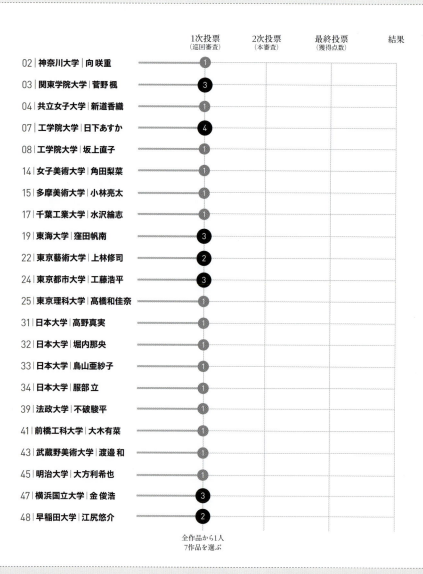

02 | 神奈川大学 工学部 建築学科 建築デザインコース | 向 咲重

小西 | 構造的に見ると成立していない作品もある中で、これはしっかりできていました。梁のグリッドは空間を規定する要素になると思いますが、それを2列並べることで梁の隙間がバッファーのように使われています。奥の方の壁もバランスよく配置していて、構造がうまく解けていた点を評価して票を入れました。

04 | 共立女子大学 家政学部 建築・デザイン学科 建築コース | 新道香織

城戸崎 | 前田さんからは良いロケーションなのではないかとコメントをいただきましたが [▶ P. 059]、そのほかに付け足すことはありますか？
前田 | 日中は不特定多数の人が使う所が、プライベートな所に変化する操作に面白みがあると思います。

No. 04 | 模型写真

08 | 工学院大学 建築学部 まちづくり学科 | 坂上直子

前田 | 先ほどの新道さんの作品にちょっと近いですよね。家族が使うかクリエイターが使うかという部分で違いますが、スペースの使い方を見ると似ている気がします。
城戸崎 | スクリーンが棚になっていて、変化するというのが凄く面白いですよね。

14 | 女子美術大学 芸術学部 デザイン・工芸学科 環境デザイン専攻 | 角田梨菜

中川 | 多くの人が住宅を寝室やリビングという部屋名の集合として扱っているのに対し、彼女の提案には実際の住まい方が結果的に間取りを決めていくという主張があり、深く共感を覚えました。プライベートとパブリックを対立するものとして捉えるのではなく、プライベートとパブリックが滲み合う状況として住居を考えるという、実例のないところに切り込んでいる辺りを推しています。
城戸崎 | 新百合ケ丘の坂道にある敷地なので、周辺道路からも視線がだんだん変わってくる面白さがありそうです。

No. 14 | 模型写真

No. 15 | 模型写真

15 | 多摩美術大学
美術学部 環境デザイン学科
インテリアデザインコース | 小林亮太

城戸崎 | 建築構造設計家の一家を仮想のクライアントにした課題ですが、偶然にもその建築家とは小西さんだそうです。「メビウスの家」という作品名ですが、先ほど藤村さんがスケッチを褒めていらっしゃいましたね。

藤村 | 自分のスタイルを持って設計している人には共感を覚えます。この作品は、それが強烈に出ていたので票を入れました。

城戸崎 | 前田さんの作品が発表されてから「リボン的なもの」が学生の間で増えていると思います。これはかなり複雑ですが、前田さん何か一言ありませんか。

前田 | 住宅としてのスケール感を聞いたところ、内部が少しわかりづらかったので、その辺りをもっと表現すれば上手く伝わりそうです。ユニークな案なので、ここに至るプロセスを見てみたいですね。

藤村 | インテリアコースなので、カリキュラムが建築とはちょっと違うと思います。寸法の決め方を見ると違うタイプなのかなと思いました。

城戸崎 | 私は屋根をつけてもらって、魅力が増した気がしました。本人は中を見せたいということで模型の屋根を外していましたが、屋根があるほうが、内と外ができて面白い。

藤村 | 模型は屋根を外してはだめです。私は屋根をつける派です。

城戸崎 | そうですね。私も覗き込む派です。

植田実 | Ueda Makoto
1935年東京都生まれ |「建築」「都市住宅」「GA HOUSES」などの編集を経て現在フリー。住まいの図書館出版局編集長 | 主な著書に『ジャパン・ハウス』、『真夜中の家』、『アパートメント』、『集合住宅物語』、『植田実の編集現場』（共著）、『建築家 五十嵐正』（共著）、『都市住宅クロニクルⅠ, Ⅱ』、『現代建築家99』（共著）、『住まいの手帖』、『真夜中の庭』、『日本の名建築167』（共著）ほか | 1971年度ADC（東京アートディレクターズクラブ）賞受賞、2003年度日本建築学会文化賞受賞

17 | 千葉工業大学 工学部
建築都市環境学科 建築設計コース | 水沢綸志

小西 | 先ほどコメントしたように［▶ P. 111］、安定した形を崩し、それをプラスにつなげていくことには勇気が必要です。先生の指導もあるとは思いますが、その操作をそつなくやっていて好感を持ちました。

城戸崎 | 千葉工大は指導されている先生方のキャラクターが濃いんですよ。遠藤政樹さん、石原健也さん、今村創平さん、多田脩二さんもいらっしゃいます。

小西 | 構造の多田先生がいらっしゃるのですね。

城戸崎 | 個人的に凄く好きな作品です。屋根が自立しているともっと面白くなりそうです。

No. 17 | 模型写真

25 | 東京理科大学 工学部 建築学科 | 髙橋和佳奈

小西 | この作品も簡単な操作で事件が起きています。私は最小限の操作で最大限のパフォーマンスを生むということに感動しますので、その視点ですね。使い方で言うとどうなのかなというのはありますが。

No. 25 | 模型写真

31 | 日本大学 生産工学部 建築工学科 建築デザインコース | 高野真実

植田 | 藤村さんが平面に余った寸法があると批評されていましたが [▶p. 167]、表通り側のエレベーションが凄く綺麗なんです。複合的なもの、既存のものを含めてつくるならば全体的にもう少し多様な感じになると良いですが、坂本一成さんの住宅を思い出すような、いわば普通の形に票を入れたかった。
城戸崎 | 水無瀬の町屋のファサードのイメージでしょうか。藤村さんも褒めていらっしゃいました。
藤村 | 水無瀬にするには、もう少し軒高を抑え、かつ左の2階の掃き出し窓がもう少し上に、梁を横断してないとだめなんですよ。
城戸崎 | エスキスが始まってしまいましたね（笑）。

No. 31 | 模型写真

32 | 日本大学 生産工学部 建築工学科 居住空間デザインコース | 堀内那央

小西 | 少ない操作で様々な効果が得られていますし、プランもかなりシンプルです。プライベートな部分の屋根を少し上げ、ハイサイドから光が入ってくる。構造的にもそんなに破綻していません。壁と、壁の縁のハイサイドで外とのつながりを持たせている。屋根が一部上がるか下がるかというちょっとした操作が、非常に効果を発揮していると思いました。
城戸崎 | 凄く素直な設計ですよね。外周全部にガラスを入れているので、一部でも外気に面した場所をつくるとか、細かい操作をしても良いと思いました。

No. 32 | 模型写真

No. 33 | 模型写真

33 | 日本大学 理工学部 建築学科 | 鳥山亜紗子

中川｜「nLDK」の影響から脱することを目指す中で、彼女は部屋名に変わるものとして、「涼しい場所」とか「狭いところ」というように平面図に場の質を書いていました。場の質で住み方を誘導する姿勢を推したいですね。

城戸崎｜窪んでいるところは谷中のまちに合ったスケールだと思うんですが、反対側のガラスを多用しているところを中川さんはどう思われますか？

中川｜谷中というまちの場所性・路地性を活かしたいという一方で、全てガラスにしてしまうと明るくなりすぎ、場所も均質になってしまいますね。壁の良さ、暗さの良さみたいなことも取り入れられると、もっと良かったと思います。

34 | 日本大学 理工学部 海洋建築工学科 | 服部 立

小西｜今回、最も建物の高さがある作品だと思いますが、単調にならないようにいろいろと策を練っています。一見複雑に見せながら、各階は縦横1対1くらいのグリッドになっていて、構造的に極めて簡単で安定しています。視覚的なバリエーションがちゃんとあって良いのですが、もう少し構造を崩していくと次の展開がありそうな気がします。

No. 34 | 模型写真

39 | 法政大学 デザイン工学部 建築学科 | 不破駿平

植田｜これはちょっと首を捻ったんだけど、評価に偏りがあると思ったので、皆さんの意見を聞いてみたいと思って票を入れました。この作品は形がはっきりしていますが、かえってそれをどういうふうに考えたら良いのか分からなくなる。屋根の形も明快ですが、佃島に行くのにまだ舟で往復していた頃、渡し場から望む佃の家並みは確かに急勾配の屋根が印象的だったけれど、それぞれはずっと小さく、しかも妻側というより平側が壁のように重なり合っていた。そんな風景の拡大解釈？

城戸崎｜架構を現しにしているところが外部通路になっていて、アジアの水辺にあるリゾートみたいなデザインだと思いました。アジアンリゾートがお好きな小西さん、いかがですか？

小西｜この架構を考える時に何らかの地域・国をイメージしていたかどうかは気になるところです。ちなみに、アジアンリゾートが好きだという話をしたら、さっきの多摩美のメビウスの帯をモ

No. 39 | 外観イメージ

チーフにした家が提案されたのにはびっくりしました(笑)。
城戸崎｜藤村さんが先ほど、佃には合わないと仰っていたのは、規模とかスケールの問題もありますか。
藤村｜リゾート地での課題だとすれば、見方もまた変わると思います。

城戸崎和佐｜Kidosaki Nagisa
1960年東京都生まれ｜1984年芝浦工業大学大学院修士課程修了｜1984-85年磯崎新アトリエ｜1985-93年伊東豊雄建築設計事務所｜1993年城戸崎和佐建築設計事務所設立｜2008-12京都工芸繊維大学准教授｜2012-17年神戸大学客員教授｜2013年-京都造形芸術大学環境デザイン学科教授｜主な受賞に、1996年SD賞、1998年インテリアプランニング賞優秀賞、1999年グッドデザイン賞、2002年住宅建築賞、2006年INAXデザインコンテスト銅賞

41｜前橋工科大学 工学部 総合デザイン工学科｜大木有菜

小西｜今回、最も構造が解けている作品で、整えすぎていないところも良い。直交グリッドに載せて考えている作品が多いんですが、それは人間が勝手に決めているだけなんです。生産性を考えればできるだけ整えた方が良いですが、絶対ではないと思います。その中で左右非対称に足元の壁をつくる勇気に共感しました。
城戸崎｜1階の陰影が凄く美しいですよね。これも外周全部にガラスが入っているということなのですが、模型には表現されていません。ガラスが入ったときのことを考えていないのは、勿体ない気がしました。
植田｜上から見るとシェルターのようで、正方形のユニットが綺麗ですよね。
小西｜架構としてはよくできていますし、上階のバリエーションも良いと思います。

No. 41｜模型写真

43｜武蔵美術大学 造形学部 建築学科｜渡邉 和

藤村｜会場で一番最初に目についた作品です。お弁当箱みたいに、平面的に重ねた模型が多い中で、こういった立体的な模型は少なく感じます。みんな気軽にフタ(屋根)を取りすぎだと思います。「赤子泣いてもフタ取るな」というか、何か大事なものが逃げていく気がします。この模型は小さいですし、複雑なプランでもないですが、読み込まないと見えない部分がある。それはショットパースで全体を考えているからなんです。ちゃんと情景があって、その人のデザインの型が模型に現れているので、凄く良いなと。
植田｜建築的ではない、自然の岩みたいなものが家に侵入している。これは良いぞ！と思いました。今回これ一つで良い作品展になるぞと(笑)。でも、設計趣旨を読むと、住んでらっしゃるご夫妻の趣味が山登りなんですよね。自分たちの好きなものを家の中に持ってきているとなると、この崖がボルダリングの壁みたいに見えてくる。だから、この岩が実際どういうふうにでき上がるかが重要で、それが上手くできたら、施主の思いがどうであろ

No.43｜内観イメージ

うとかまわない。そこが判断しづらいところですね。

城戸崎｜やっぱりこれはクレバスで、落ちた時に上をみて救いを求める、山の恐怖感ではないでしょうか。

植田｜毎日恐怖感。新鮮だな（笑）。

藤村｜巡回審査で学生は課題の設定を話そうとするんですが、私としてはそれは聞かず、設計の型を確かめ、それだけで評価しました。「か・かた・かたち」の「か」と「かたち」は見ずに、「かた」だけ見てたんですよ。なので、私は植田さんがご指摘するようなところを見逃していました。

植田｜だから迷わず評価できた。

No.45｜模型写真

45｜明治大学 理工学部 建築学科｜大方利希也

植田｜先ほど小西さんが本当に上手い評価をしてくださって［▶p.222］、僕も引っかかっていたので、それならばと思い票を入れました。明治大学は造形には力を入れていましたが、今までは割に大人しかった。こういう面白い案が出てきたのは明治にとって良い刺激になるんじゃないかと思います。大胆な切れ込みを入れたりしていますが、店舗が入るとなれば代官山のような規制が必要かどうか。

城戸崎｜大学の傾向もお話しいただきました。

No.48｜模型写真

48｜早稲田大学 理工学術院 創造理工学部 建築学科｜江尻悠介

城戸崎｜続いて2票の作品です。大学の傾向で言えば、早稲田大学はいつも書き込んだ図面が素晴らしい、というか伝統ですよね。

藤村｜大学の雰囲気がよく出ています。リノベーション作品では「元々こうだったから」と設計しない理由が結構出てくるんですが、この作品は床を張り直し、断面をつくり直しているため、不思議な柔らかさがあります。模型を見ると、使えない寸法になりがちな建物の隙間に家具を設計して、アクティビティを外へ置く努力をしている。外科手術的に通路を入れただけと思いきや、柔らかい場所もしっかり設計していたので票を入れました。

城戸崎｜4棟が一つの敷地の中にある集合住宅は今回いくつかありましたよね。

藤村｜人それぞれにポイントがあると思いますが、私が興味を持って見ていたポイントからすると見所がありました。

植田｜先ほど「屋根をとるな」と仰っていましたが、この場合はどうでしょう。

藤村｜微妙ですね。屋根から見えているところを見ないようにのぞき込むんだと思うんですが、苦肉の策ですね。やりたくなるのはしょうがないですが、私は屋根が透明であることはあまり評価していません。水の流れや高さのバランスはきちんと考えられていました。
前田｜この作品は屋根があった方が意図が伝わる気がします。
城戸崎｜本人にも聞いてみたいですが、1次審査なので、次にいきましょう。

22｜東京藝術大学 美術学部 建築科｜上林修司

中川｜住宅の課題では、家をどう捉えるかが主題になりがちですが、上林くんの案は地形の中に住むということを形の問題として取り組んでいます。敷地の良さを活かして道をつくり、住宅内部の動線も考えているところに惹かれました。
植田｜藝大の住宅課題は不思議な地形や立地にするっと入り込むような案が多い。ひねくれた先生が多いんでしょうか（笑）。いつも普通じゃないところを不意打ちするみたいな。
城戸崎｜たぶん出題者も、それに答える学生も、ひねくれている（笑）。
植田｜住宅設計の原点というか、難しいところで組み立てるので、凄く面白い。引き込まれてしまうんです。
城戸崎｜藤村さんが出題されたそうですが、どんな意図だったんですか？
藤村｜これは今、八島先生が実際に設計をなさっている敷地です。仰るように藝大の課題って、例えば千葉や埼玉の郊外にある整形の住宅地よりも、葉山などの不整形で傾斜地で歴史があるような敷地だと盛り上がるところがあります。リサーチ欲が喚起されて、想像力が広がるみたいなんです。

No. 22｜模型写真

03｜関東学院大学 建築・環境学部 建築・環境学科 すまいデザインコース｜菅野 楓

城戸崎｜次に3票入っている作品ですが、3番の菅野さんと47番の金さんは二人とも横浜の黄金町が敷地で、共通したテイストがある気がします。黄金町は近年まで風俗街があった地域です。それをスラムクリアランスではなく、アーティストの力で少しずつ変えていこうと、みかんぐみや横浜在住の建築家が鉄道の高架下を中心にリノベーションしたり、「ちょんの間」にアーティストが住みながら活動している地域です。
中川｜壁を積極的に使わない案が多い中、壁の魅力、住み方の面白さを見つけていて、オリジナリティを感じました。20代の男性が2人で6階建てに住むという破天荒な設定ですが、その設定を楽しみつつ最後までやりきっている。「自分でつくるんだ」という姿勢が良いと思い、票を入れました。
植田｜パネルの上半分に写真とイラストを組み合わせた図［▶ p. 054-055］があって、下に地域の現状のプレゼンテーションがあるんです。この前の「東京人」でも高架下の特集をやっていましたが、先ほどの城戸崎さんが仰ったような建築家の取り組みはあまり記事になっていないんです。建築家はかなり綺麗な架構やインテリアをつくっていて、今ま

小西泰孝｜Konishi Yasutaka
1970年千葉県生まれ｜1995年東北工業大学工学部建築学科卒業｜1997年日本大学大学院理工学研究科修士課程修了｜1997年佐々木睦朗構造計画研究所入社｜2002年小西泰孝建築構造設計設立｜2017年-武蔵野美術大学造形学部建築学科教授｜主な受賞に、2008年第3回日本構造デザイン賞、2013年第24回JSCA賞奨励賞

No.03｜模型写真

での即物的でアノニマスな高架下に比べると今ひとつ迫力がない。東京の観光スポットとして高架下を見て回るツアーまで始まっている中では、建築家の提案はややオーソドックスで、もう少し違うものを見てみたい。これは高架下ではないので事情が違うかもしれないけど、そういった意味で興味を持ちました。

城戸崎｜先ほど講評された藤村さんは絶賛でしたよね[▶p.055]。

藤村｜図面的な想像力と3D、視覚的な想像力が感じられる作品が割と少なかったんですが、これはその両面から見ても高い次元で表現されていました。

47｜横浜国立大学 理工学部
建築都市・環境系学科 建築EP｜金 俊浩

藤村｜ある意味対照的ですよね。金さんは構成的に決めているようなところがあって、どちらかと言うと寸法や図面で考えている。図面で絵をつくるタイプだと思いました。

城戸崎｜3番の菅野さんと47番の金さんは、藤村さんを軸に、それぞれ違うお2人が票を入れています。金さんに入れた前田さんと小西さんはいかがですか？

前田｜元々一つしかないものを二つにするという課題で、階段を選ぶとこうなるとは思うんですが、そこをしっかり解いていて良いと思います。先ほどの黄金町の説明を聞いていて思ったんですが、外からの見え方と内部空間を照らし合せてまちに開いていくという部分が特に良いですね。

小西｜一見無理がありそうなんですが、構造的には上手く解いています。先生のご指導もあると思いますが、真ん中に壁が通っていて、その周りで自由に振る舞わせている。一見バラバラに見えるけど筋が通っていました。

前田｜私は周辺地域のことをよく知らないですが、単体で見ても、バラバラ感の中に美しさみたいなものを感じます。このバラバラな感じが地域にフィットしているんでしょうか。

城戸崎｜そうですね。本当にまとまりのないまちなんです。まち全体をバラバラにつないでいくと言えば、出題教員のお1人である藤原徹平さんは、黄金町の中で7箇所の敷地を選び、そこでシーンごとに映画を映し出すというプロジェクトを、映画監督の瀬田なつきさんと一緒にされていました。

藤村｜意図的に寸法感をハズしていくとか、開口や階段をそれらしく見せないとか、壁らしいものも見せないという、そういうふうにつくるタイプですね。先ほどの菅野さんは積層しながら一つひとつの空間を展示するようにつくっていましたが、アプローチの違いがよく出ています。ハズしていく方は凄く魅力があるけど、守っていく方にも魅力がある、という感じです。

城戸崎｜そこに構造の意見も出てくると今回の審査員の方々の傾向が見えてきて、司会としては面白いです。

No.47｜模型写真

24｜東京都市大学 工学部 建築学科｜工藤浩平

藤村｜先ほどの45番、大方くんの作品の考え方はスケルトン・インフィルで、スケルトンがグリッド、その中に住まい手の希望が表出するという記号的なつくり方でした。基本的には5行5列5階建ての125マスにバリエーションがつくられている感じです。工藤さんはもっとパターンでつくっているんですが、アイディアコンペっぽいところがあって、設計的ではないんです。住みながら成長するという設定はよく分からないですが、バリエーションのつくり方、設定の仕方は集合住宅において重要なことですので、この模型に3次元で出てくる空間のバリエーションの多さは高く評価しています。

No. 24｜模型写真

城戸崎｜中川さんと前田さんも票を入れていらっしゃいます。

中川｜模型がエネルギッシュで、「絶対人に負けたくない」という意思が感じられました。素直に評価したくなる反面、本人がもう少し客観的に説明できれば、もっと票が集まった気がします。模型がただ大きいだけではなく、覗くと人が活動している様子が分かるのは非常に良いです。家具や添景を入れ、何となく賑やかなシーンをつくっているだけで、住み方が普通な提案が多い中、畳という設定を活かしながらセルフビルドで家を組み上げていく賑わい、祭りの櫓のような雰囲気に魅力を感じました。

前田｜セルフビルドということで、高知にある「沢田マンション」を思い出しました。沢田マンションでユニークだと思ったのは、何階にいても雑草が生えていたりして、グランドレベルを感じることです。コミュニティや迷路的な部分もあります。この作品はグリッドが少々窮屈な感じがしますが、グリッドがどんな変化をすると、そういった部分が生み出されるのか、いろいろと興味が湧きました。

藤村｜どちらかと言えばルシアン・クロールとかジョン・ハブラーケンみたいな崩し方だと思います。蟻鱒鳶ル（アリマストンビル）とか沢田マンションのようなインフォーマルなつくり方ではない。本人の説明とは裏腹に、作品にはモジュールをつくり、記号・パターンを整理して組み合わせたフォーマルな部分がある。

前田｜その活き活きとした感じが分からないと、グリッドの硬さなんかが気になってしまうんですよね。グリッドを超えるようなものの表現が出てくると、リアリティを感じるなと。

城戸崎｜ルールをつくる人と壊す人が同一なので、課題を解く中でいつも出てくる問題である気もします。

藤村｜内田祥哉さんが仰る「日本の和小屋は水平構面をしっかりつくっているので柱すらも動かせる」というような世界観をつくろうとして、グリッドの崩しをつくりきれず、セルフビルドという設定にしている感が少しあります。

城戸崎｜植田さんはどう思われますか?

植田｜プレゼンテーションのレベルは今回最も高い。前田さんの仰ったことにつながるんですが、ここに住み、保持していくことを考えた時、畳替えのシーンなどまで出せたら良かった気がします。僕らが子供の頃は、家の前の道路で畳屋さんが作業していたので、

中川エリカ｜Nakagawa Erika
1983年東京都生まれ｜2005年横浜国立大学建設学科建築学コース卒業｜2007年東京藝術大学大学院美術研究科建築設計専攻修了｜2007-14年オンデザイン｜2012年横浜国立大学非常勤講師｜2014年中川エリカ建築設計事務所設立｜2014-16年横浜国立大学大学院（Y-GSA）設計助手｜主な受賞に、2012年JIA日本建築家協会新人賞、2016年ヴェネチアビエンナーレ国際建築展展別部門特別表彰、2017年住宅建築賞2017金賞

藤村龍至 | Fujimura Ryuji

1976年東京都生まれ | 2002年東京工業大学大学院修了 | 2002-03年ベルラーヘ・インスティテュート（オランダ）| 2003-08年東京工業大学大学院博士課程 | 2005年-藤村龍至建築設計事務所（現RFA）主宰 | 2010-16年東洋大学専任講師 | 2016年-東京藝術大学美術学部建築科准教授 | 主な受賞に、2016年日本建築学会作品選集新人賞、2017年グッドデザイン賞グッドデザイン・ベスト100選出

それを見て畳というものを覚えました。畳替えは凄く静かなので、集合住宅でも静かに保全作業ができるというメリットを強調したら面白いと思います。内田先生が関わられた大阪ガスによる「NEXT21」という集合住宅のプロジェクトがありますが、以前その報告会で、人が住んでいる限りは改装工事は難しいと聞きました。普通の団地でも小さな改装で大きな音と揺れがありますから、人工地盤の上に戸建てが載っているような建物ではクレーンが来た日には非常に恐ろしいと。実務的な話は住宅課題に持ち込まないという意見も考えられますが、静かな改装というところまで考えていくと、さらに分かり易くなると思いました。

---

19 | 東海大学 工学部 建築学科 | 窪田帆南

城戸崎 | 敷地設定が自由ということで、隣家の高さをまず自分で決めて、屋根が連続するように設計したと聞きました。
前田 | 近隣の敷地は実際にあるんですか？
城戸崎 | 大きさだけ決まっていて、あとは各自設定しなさいということだったそうです。
前田 | 周囲の関係を架空で決めるということが恣意的な気もしますね。手法はユニークですが、実際の設計でも周囲の佇まいや屋根形状などを意識しながらボリューム感を操作するので、特別変わったアプローチではない気がします。それよりも内部空間が面白い。屋根のような壁のような要素が上手く効いています。屋根以外にも、下の階の使い方を聞いてみたかったです。
城戸崎 | 票を入れた中川さんはいかがですか？

No. 19 | 模型写真

中川 | 会場を一周した時に妙に印象に残り、票を入れてしまいました。それは何故か考えると、まずプロポーションが良いんだと思います。仮に住宅としての機能が無くなっても、人を引き寄せる場所としての力を持っていそうですし、様々なアクティビティを生み出しそうな立体的な魅力があります。
城戸崎 | 植田さんも票を入れられています。
植田 | 宮本佳明さんがこういう住宅をつくってましたね。お寺の庫裏に接した場所に新しい建物をつくり、2階のテラスとして隣の建物の勾配屋根を使う。おそらく出題された吉松さんは「スガルカラハフ」と名づけられたこの増改築をご存知で、その辺を意識されたのかもしれません。窪田さんの設計は、実際に建ったら、1階部分は天井が高い気持ち良さはあるけど、割と素直なパブリックスペースのような気もします。宮本さんの作品はお寺のまわりに複雑な形で住まいをつくるという、手の込んだ面白い住み方です。普通のリビングとして考えるのはかえって難しそうだなと。

でも何と言っても「ヤネのあるイエ・リツメンのないイエ」という課題タイトルは魅力的で、それを非常にきれいな形で表現しています。「こういう家族が住む家をつくれ」とか、「パブリックとプライベートの境界をどうするか」という課題が多いですが、これはモノに即

しています。物理的な操作をして、そこで住むことがどう変わっていくかを考えさせる課題だと思いました。
城戸崎｜先ほど小西さんが推していた、25番の斜めの床を1枚入れた作品もそうですが、この作品も斜めの床に家具を配して暮らしの中に取り込んでいます。隣の家をフラットルーフという設定にして、その屋根が刺さって平地ができたと思いきや、その下の三角の難しい部分にベッドを置いたりしている。自分でどんどん物事を難しくしていますが、ちゃんと答えを出しているところが凄いと思いました。

07｜工学院大学 建築学部 建築デザイン学科｜日下あすか

城戸崎｜最後に4票を獲得した作品です。
前田｜1人でも家族でも住めて、いろいろなバリエーションがあるというのはよくありますが、スケール感が上手く伴っていますよね。気になったのは、一つひとつの部屋に単調な開口を開けていることです。もっと部屋同士の心地良い間隔を設計できると良かったと思います。屋上に載っている添景も、もっと上手く使える提案がありそうです。表側と裏側の形を結構変えているので、まちの眺望を上手く使えるような提案があると、魅力が増すような気がしました。

No. 07｜模型写真

城戸崎｜この作品は中川さんも推していらっしゃいます。
中川｜提案の総合力がありました。7mの敷地高低差を活かしながらつくっていくという意味で、まちのスケールや地形にリアクションしながらつくることを考えた領域の設定も上手いと思います。分棟系の中でも、平地で計画しているのはよく見られるんですが、段差のある敷地で計画している提案は今回少なくて、その辺りに興味を持ちました。段差を利用しながら、広場の性質を分けつつ人を巻き込んでいき、それがまちの人の通過動線にもなっている。聞けば聞くほどいろいろな味が出てくる作品でした。
城戸崎｜植田さんも票を入れいらっしゃいますが、いかがですか？
植田｜全体的に良いと感じて票を入れました。ある程度プライベートとパブリックをはっきりさせているところが良いですね。人が通り抜ける「みんなの広場」と別に、家族だけで使える「家族の広場」をあちこちに配し、そこには外からアクセスできないようにして、段階を分けている。何となく人が入ってきたら楽しい、という漠然とした提案が今まで多かったですから。これからは現実を反映して、理念としても魅力的にパブリックスペースをつくるということが住宅課題の大きな問題点だと思います。少なくともそこに触れている点はとても良いと思います。
城戸崎｜ここを南に行くとアトリエ・ワンの事務所があって、この辺りの路地は坂や階段になっています。そうした場所の魅力をしっかり捉えていると思います。現代計画研究所などによる「コモン」「パブリック」「プライベート」のような分け方とは違った、新しいやり方のような気がします。
それでは、審査員の先生方は2次投票をお願いします。

前田圭介｜Maeda Keisuke
1974年広島県生まれ｜1998年国士舘大学工学部建築学科卒業、工務店で現場に携わり設計活動開始｜2003年UID設立｜2011–広島工業大学非常勤講師｜2013年–福山市立大学非常勤講師｜2017年–広島大学客員准教授｜主な受賞に、2011年ARCASIA建築賞ゴールドメダル、2012年代24回JIA新人賞、2008年Dedalo Minosse2007/08国際建築賞Under40グランプリ、2017年グッドデザイン金賞など国内外で多数受賞

2次投票の結果発表

城戸崎 | 実はあまり票が動いておらず、審査員の先生方に推薦していただくと前半とあまり変わりませんので、学生の皆さんに自己推薦をお願いしようと思います。心の準備がなくて申し訳ありませんが、自分の作品をアピールしてください。4票と3票が入った5人の方は1分間、1票の方も挙手していただければ30秒間プレゼンできます。1票だった方の挙手から行きたいと思います。

17 | 千葉工業大学 工学部 建築都市環境学科 建築設計コース | 水沢綸志

水沢 | 壁がない家、第三者を受け入れる家ということをアピールしたいです。僕はこの敷地内の三つの流れに対し、あえてカットして地域の人々に開けるような屋根をつくりました。内部も連続的につながっていくような空間にすることで、第三者や家族を温かく包み込めるようにしています。屋根と家具によって濃度ができる建築をアピールしたいです。

城戸崎 | ピッタリ30秒でした。では次の方。

33 | 日本大学 理工学部 建築学科 | 鳥山亜紗子

鳥山 | 私は日本に昔からある、薄い境界線を表す要素をいろいろなところに使い、中川さんが仰ってくださったように部屋名を決めず、狭いところや、広いところというふうに、「ところ」をつけるだけでいろいろな居場所ができるように空間をつくっています。好きな場所で好きな時に、好きな気分によって居場所をつくれる建築にしたいと思っています。

城戸崎 | 他にいらっしゃいますか?

32 | 日本大学 生産工学部 建築工学科 居住空間デザインコース | 堀内那央

堀内 | 家族間にも外にも開けた住宅をつくりたくて、この住宅を設計しました。家族間に開くため、プライベートな空間をあえて壁で覆ったら人々が外に出たくなると考え、プライベート空間を壁で仕切った住宅をつくっています。

城戸崎 | まだ手が挙がっていましたよね?

14 | 女子美術大学 芸術学部 デザイン・工芸学科 環境デザイン専攻 | 角田梨菜

角田 | 私は部屋単位で複合施設や住宅を考え、プライベートからパブリックへグラデーションになるように設計することで、そこに住む人たちや訪れる人たちがその中で情景をつくっていくような、そういった集合住宅をつくりたくて、このような設計をしました。

城戸崎 | ありがとうございます。では、3票だった作品です。24番の工藤さんお願いします。

24 | 東京都市大学 工学部 建築学科 | 工藤浩平

工藤 | 自由なプロセスを提案していたんですが、その中で畳という決まったモジュールを一般の人たちに与えることによって、その建築的な不自由さもこの建築によって伝えるこ

とができると思い、空間的なルールを決めました。それに比べて、他案の人たちの片流れがなんで出てきたのかとか、隣家から屋根をもらってきたのかとか…。
城戸崎｜はい、ストップ。1分って短いですね！
工藤｜…そうした案の根源を知りたいなと思います。
城戸崎｜長くしゃべると印象良くないかもですよ？
工藤｜はい。

城戸崎｜ありがとうございます。工藤さんに拍手を。次は3番の菅野さんです。

03｜関東学院大学 建築・環境学部 建築・環境学科 すまいデザインコース｜菅野 楓
菅野｜中川さんから先ほど仰っていただいたように、壁を積極的に使っています。私は2人を隔てるものとして壁を扱うのではなく、曲面の大きさや形によって生まれたシークエンスの変化や、部屋の機能を考えてつくりました。そうしてできた全体的な形は、黄金町を意識したものでもあり、黄金町にある要素を模倣したようなものでもあります。そういうつくり方をしました。以上です。

城戸崎｜3票最後は19番の窪田さん、お願いします。

19｜東海大学 工学部 建築学科｜窪田帆南
窪田｜周辺環境を自由に設定できる課題ということで、周辺環境と一体化した住宅をつくろうと考えました。私は絵が苦手ですが模型が得意なので、模型を何回も作りなおし、屋根の角度等を変えて、2階や3階にある個室空間をつくりました。住人も設定して良いということだったので、全員留学生という設定にして、1階部分では、人と人の間にも壁がないという考えを表しています。2階のリビングやテラスも、お隣さんが遊びに来たりして、新しい発見ができるように設計しました。

城戸崎｜次は4票の2人です。47番の金さんからお願いします。

47｜横浜国立大学 理工学部 建築都市・環境系学科 建築EP｜金 俊浩
金｜課題設定である形の操作からスタートしました。それを都市にどうつなぐかということで、まちの動きを巻き込むようにパブリックな階段をつなぎ、一番上で車窓と目線を合わせ、このまちの新しい顔になるように計画しました。耐力壁になる壁がパブリックなギャラリーになっていて、そこに人が集まったり、プライベートな空間では壁に水廻りをつけたりと、壁の役目みたいなことも心がけています。階段で構成している家ということで、場所と場所をつなぐための単なる道具としての階段ではなく、それ自体が場所になるような家をつくるよう心がけ、設計しました。

城戸崎｜いよいよ最後のアピールです。7番の日下さん、どうぞ。

07｜工学院大学 建築学部 建築デザイン学科｜日下あすか
日下｜開口の空け方ですが、それぞれの住戸の庭のような「住民の広場」に対し、三つの住戸がそれぞれ開口を大きく取ることで暮らしが外に生まれ、小さな敷地でも内と外の広場がつながって大きな暮らしができるようになると考えました。パブリックの「みんなの広場」についてですが、この広場は須賀町の動線的な役割を果たしていて、他の広場と違い、賑わいを取り入れることを考えています。また、窪地という特徴を活かし、敷地

の横の斜面を下りながら、反対側の斜面のお寺と住宅が共存した景色を見る体験がまちの新しい景色を創りだすと考えています。

城戸崎｜ありがとうございます。アピールを聞いた上で、最後、審査員の先生方には1位に5点、2位に3点、3位に1点を入れていただくのですが、もうよろしいでしょうか？

前田｜1票入れた、早稲田大学の江尻君に話を聞いてみたいです。

城戸崎｜江尻さんいらっしゃいますか？質問ではないので、自由に喋ってください。

48｜早稲田大学 理工学術院 創造理工学部 建築学科｜江尻悠介

江尻｜先ほど模型についてご指摘があったんですが、1階を外部に開放しているので、立面はガラス張りのイメージです。中2階と2階には住んでいる人がいるので、カーテンを閉めたり、不透明な壁にしています。普通の住宅の断面みたいなものが外部に見えているんですが、この場所を通った人たちに、まちの要素から住宅をつくったんだなと感じてもらえれば良いなと思って設計しました。

城戸崎｜屋根はガラスなの？

江尻｜いえ、屋根はまわりの住宅と一緒で、木造の軸組みたいな感じです。

城戸崎｜ありがとうございます。では、審査員の先生方にもう一度投票していただきます。

最終投票の結果発表

城戸崎｜集計が終わりましたので発表いたします。本当に僅差でしたね。優秀賞1等は3番、菅野 楓さん。2等は47番、金 俊浩さん。3等は7番、日下あすかさんです。おめでとうございます。惜しくも選に漏れた皆様も健闘、ありがとうございます。続けて審査員賞を選んでいただきます。審査員の間で重複があった場合、協議の上決めていきたいと思います。まず審査委員長である植田さんから。

植田｜45番の大方利希也さんです。

城戸崎｜おめでとうございます。続いて、小西さんお願いします。

小西｜私は1位に推した32番の堀内那央さんです。

城戸崎｜ありがとうございます。では続いて中川さん。

中川｜私は最終投票で選んだ中で、3位までに入らなかった33番の鳥山亜紗子さんです。

城戸崎｜おめでとうございます。次は藤村さん。

藤村｜僕はプレゼンに失敗した感のある24番、工藤浩平さんに入れたいと思います。

前田｜あ、僕も工藤さんに入れようと思っていました。

城戸崎｜前田さんが賞を贈りたい理由をお願いします。

前田｜1分のアピールチャンスがあったのに、訳がわからない（笑）。下手くそだなぁと思いましたが、熱量が良いと思いました。

城戸崎｜模型やパネルも凄く良かったですからね。お2人とも工藤さんに対する愛は同じくらいあると見ましたが？

藤村｜理由は前田さんと同じなんです。それでは、私が興味のある絵と図面の関係ということから、43番の渡邉 和さんに賞を贈りたいと思います。いま美術大学の学生を相手にしてることもあり、応援したい気持ちもあります。

城戸崎｜審査員賞が全て決定しました。受賞した皆さん、おめでとうございます。入賞者を代表して優秀賞の方、一言お願いします。

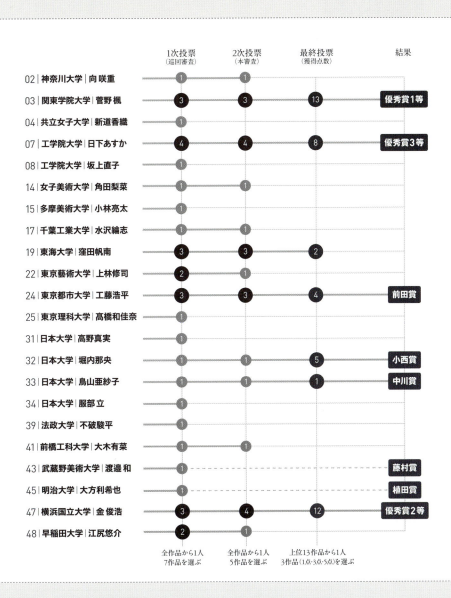

優秀賞1等

関東学院大学 建築・環境学部 建築・環境学科 すまいデザインコース
菅野 楓

まさか自分が賞をもらえるとは思わなくて、凄く嬉しいです。課題の提出が終わった後もずっと気になって考えていて、今日、やっとそれが言葉や形になって凄く嬉しいです。これからも頑張っていきたいと思います。ありがとうございました。

優秀賞2等

横浜国立大学 理工学部 建築都市・環境系学科 建築EP
金 俊浩

ありがとうございます。まだまだ、精進していきます。

優秀賞3等

工学院大学 建築学部 建築デザイン学科
日下あすか

このような賞をいただいて、とても嬉しく思っています。3年生の時の課題だったので、それから1年間ブラッシュアップをしていく中で、難しさを感じたり、建築の深さを感じることができたので、その経験を活かして卒業設計も頑張って行きたいと思います。ありがとうございました。

審査員の総評

城戸崎 | 最後に、審査員の方に総評をいただきたいと思います。

小西 | 入賞された方、おめでとうございます。また、参加してくださった方は全員入選されていますので、おめでとうございます。
決まった票数しか入れられませんし、課題の内容も敷地も違う異種格闘戦の中、どこに視点を置くかで評価の違いが出てくると思います。私は構造が専門なので、形の決め方に重点を置きました。
今日は皆さんがそれぞれ課題に取り組み、苦労している部分が沢山見えてきました。実務では自分のやりたいことをダイレクトにできることは殆ど無いですが、「これをどう解決しよう」と悩むことをプラスに転じさせるところに面白さがあります。「ものは考えよう」という言葉がありますが、設計とはそういうものだと思って、自分のデザインを妨げそうなことをひとつのきっかけとして考え方を大胆に切り替えていくと、これから勉強していく中で楽しめると思います。

中川 | 住宅とひと言に言っても、多種多様な集まり方、住み方が出てきていました。それが課題文で元々設定されていることも多く、時代の気分を反映していると思いました。その中で特に推したいと思ったのは、人間が生きるということと空間・建築のパワーが合体して迫力を持っている作品でした。
こういう賞の審査員をやらせていただく時いつも思いますが、賞をもらった人ともらわなかった人は本当に紙一重です。成功と失敗も紙一重なので、こういう時に悔しい思いをした人ほど後々伸びます。なので是非設計を続けて欲しいし、七転八倒しながら楽しんで欲しいと思います。

藤村 | 今日は好き勝手言わせていただいたんですが、私が設計教育の現場でこうありたいという前提をお話しますと、対等に相互批評する関係が理想です。作品をつくっている者同士でコミュニケーションをとり、自分がつくっているものと相手がつくっているものとを突き合わせ、お互いの意見を突きつけ合うのが基本形だと思います。評論家みたいに「この人絵がうまいですね」とか「この人模型下手ですね」とか言うんですが、そういう問題意識で発言しています。私はいま美術大学で教えていますが、美術大学では絵を描

いたり全体像を捉える練習をしていて独特なんです。私は理工系出身なので、絵で考える人たちに凄く憧れがあります。自分が積み上げてきた、論理で構築したりレトリックを駆使する設計の仕方とは違うので、意見を交換しながら、設計とは何なのかを考えています。それが設計教育の理想型だと思っています。

それから、皆さん最後のプレゼンでもそうですが、スピーチする時に「建築家」になれるかどうかが決まるんです。我々建築家は、プロポーザルや賞の審査でこういうふうに前に立たされてスピーチします。私もよくプレゼンし、大抵、的はずれなこと言って評価を下げ、受賞を逃すということを繰り返しています（笑）。なので、最後の工藤さんが攻撃的な他者批判をして時間をオーバーし、「ちょっと感じ悪いですよ」とか言われる辺り、凄くシンパシーを感じるんです。私や前田さんが推しちゃうのは、そういうところなんですよ。

なので皆さんにはこういう機会を大切にして欲しい。評価は常に建築設計に付き纏いますが、それを糧に自分の人生にフィードバックできれば良いと思います。皆さんの将来を陰ながら応援させていただきたいと思いますし、私のやってることもそういうふうに見てもらえればと思います。

前田 ｜ 今日は住宅の課題ということで楽しみにして来ました。大学ごとにどんな課題なのか分からないので、その辺りをもう少し知りたかったです。

また、皆さんには家族とは何なのかということを考えて欲しいと思っています。家族というのは小さな共同体ですが、血縁者だけでなく非血縁者も家族と呼べるのかとか、自分たちの思っている家族はどこから始まったのかといったことを考えて欲しい。自分でも時々、今後の家族像を考えるのですが、君たちとは世代も違うし、社会も多様に変化していくので、そこに新しい住宅のヒントがある気がします。変わらないこともあるでしょうけど、変わるのも良いことなので、考え続けて欲しいと思います。

これからいろいろなビルディングタイプを設計すると思いますが、社会に出ても住宅というのは永遠のテーマです。時代ごとの変化も多様で、楽しい設計なので興味を持ってやって欲しいなと思っています。

城戸崎 ｜ 審査員の先生方、ありがとうございました。では最後に審査委員長、お願いします。

植田 ｜ 皆さんお疲れ様でした。こういうふうに1等、2等なんて決めているけども、これは各大学の先生方には大変失礼なことなんですよね。48課題に関わった出題教員及び、指導教員の名前を数えると191名いらっしゃいます。ほぼ200人の先生方が建築教育を考え、大切だと考えた方向性を持って皆さんに出題された課題を一堂に見られる貴重な展示なのです。本当はそれで終わるべきなんだけど、「どういうふうに読めば良いのか？」ということで、毎回ゲストの先生をお招きして自由に批評し

ていただいています。審査員の皆さんも大学で指導されている先生方ですので、ご自分の指導の仕方も交えながらお話をされているんじゃないかと思います。僕も毎回、この会は楽しいというより、先生方の厳しい批評に身が竦みつつ、本当に勉強になっています。これを忘れずに次はもう少し作品を見ようと思うのですが、きちんとした目を持つのは大変です。皆さんにとっても、一番厳しかったし、楽しかったところではないでしょうか。

大きな傾向を見ると「家族」とか「プライバシー」とか「コミュニティ」とか、「内と外」とか、そういった問題が必ず出てきます。昔は戸建て住宅の基本を教える課題をよく見かけたのですが、今はどの大学も2年、3年生以上の課題では周辺地域のことを考えるようになっています。それに対する回答として皆さんの作品を見ると、大きく二つの傾向がある。一つは、様々な原因で人間関係がうまく行かなくなっている部分を元に戻す、もう少し人間が触れ合えるような住宅と環境をつくるというものです。これは結構多いですが、もう一つ、今どういうふうに住んでいるのか、自分たちはどういうふうに住もうとしているのかという傾向も見えてきます。実は僕が一番期待しているのはそういう案なんですよ。でも、なかなか出てこない。住宅の設計そのものに、ある種の偏りがあって、なんとなくユートピア的な、理想的なところに案を詰めていく傾向がある。

僕はスマホもメールも何もやっていないので、未だに原稿は手書き、原稿送るのは郵便かFAX、30年以上全く変わらない仕事をしています。そんな中、電車に乗ると若い人に限らず、年配の人も行動が変わって来ている。それがとても興味深いんです。体験を通して自分の習得して来た動作や行為の範囲から外れた動きについてとても興味があります。例えば、電車に乗る時、ドアの両側に立つ人は昔からいますが、スマホを見ながら電車に乗ってくる人は、周りを全く見ていないので中途半端なところで止まってしまう。それがけしからんという話ではなく、何故か人が集まるところ、人が立ち止まってコミュニケーションをとるところ、そういった手がかりがまちの中には隠されていて、それを若い目で見い出してほしい。だから、周りを見ずにスマホを見ている人にふさわしい空間も絶対にあるし、建築家がそういった空間を予感的に観察していくと、より現実的で面白い住宅課題の回答が出てくるはずです。最も新しい、まだ見えていない空間を僕は期待し続けているつもりです。今日は4人の先生方、それぞれ個性的なご意見をいただきありがとうございました。本当に参考になりました。皆さんも良い作品をありがとうございました。

城戸崎｜皆さんには、大学の先生たちが考えて欲しかったことを受け止めて、返した作品に対して自信を持ち、大事にしてもらいたいと思います。最初につくった住宅作品は、後々足を引っ張ったり、背中を押してくれたりするものなので、大人になってもこの作品のことを考え続けて欲しいと思います。ありがとうございました。

住宅課題賞2017｜公開審査［審査員採点表］

No.	大学名	学部名	学科/コース名	学年	作者名
01	宇都宮大学	工学部	建設学科 建築学コース	3	カレロ友希恵
02	神奈川大学	工学部	建築学科 建築デザインコース	2	向咲重
03	関東学院大学	建築・環境学部	建築・環境学科 すまいデザインコース	3	菅野楓
04	共立女子大学	家政学部	建築・デザイン学科 建築コース	2	新道香織
05	慶應義塾大学	環境情報学部		1	杉本晴子
06	工学院大学	建築学部	建築学科	2	鈴木展子
07	工学院大学	建築学部	建築デザイン学科	3	日下あすか
08	工学院大学	建築学部	まちづくり学科	2	坂上直子
09	国士舘大学	理工学部	理工学科 建築学系	2	舘優里菜
10	駒沢女子大学	人文学部	住空間デザイン学科 建築デザインコース	3	田中くるみ
11	芝浦工業大学	工学部	建築学科	2	畑野晃平
12	首都大学東京	都市環境学部	都市環境学科 建築都市コース	3	美代純平
13	昭和女子大学	生活科学部	環境デザイン学科 建築・インテリアデザインコース	3	杉本萌
14	女子美術大学	芸術学部	デザイン・工芸学科 環境デザイン専攻	3	角田梨菜
15	多摩美術大学	美術学部	環境デザイン学科 インテリアデザインコース	1	小林亮太
16	千葉大学	工学部	都市環境システム学科	2	桐生慎子
17	千葉工業大学	工学部	建築都市環境学科 建築設計コース	2	水沢綸志
18	筑波大学	芸術専門学群	デザイン専攻 建築デザイン領域	3	細坂桃
19	東海大学	工学部	建築学科	2	窪田帆南
20	東京大学	工学部	建築学科	3	福田暁子
21	東京家政学院大学	現代生活学部	生活デザイン学科	3	渡邊泉
22	東京藝術大学	美術学部	建築科	2	上林修司
23	東京電機大学	未来科学部	建築学科	2	齋藤美優
24	東京都市大学	工学部	建築学科	2	工藤浩平
25	東京理科大学	工学部	建築学科	2	髙橋和佳奈
26	東京理科大学	工学部第二部	建築学科	2	藤井和馬
27	東京理科大学	理工学部	建築学科	2	奥村夢大
28	東洋大学	理工学部	建築学科	2	櫻井優輔
29	日本大学	芸術学部	デザイン学科	2	岡本強
30	日本大学	生産工学部	建築工学科 建築総合コース	3	渡邊健太郎
31	日本大学	生産工学部	建築工学科 建築デザインコース	3	高野真実
32	日本大学	生産工学部	建築工学科 居住空間デザインコース	2	堀内那央
33	日本大学	理工学部	建築学科	2	鳥山亜紗子
34	日本大学	理工学部	海洋建築工学科	2	服部立
35	日本工業大学	工学部	建築学科	2	宮澤拓磨
36	日本工業大学	工学部	生活環境デザイン学科	2	鳴海彩乃
37	日本女子大学	家政学部	住居学科 居住環境デザイン専攻・建築デザイン専攻	2	小林春香
38	文化学園大学	造形学部	建築・インテリア学科 住生活デザインコース	3	村田優人アンジェロ功一
39	法政大学	デザイン工学部	建築学科	3	不破駿平
40	前橋工科大学	工学部	建築学科	3	高屋敷友香
41	前橋工科大学	工学部	総合デザイン工学科	2	大木有菜
42	武蔵野大学	工学部	建築デザイン学科	2	秋元晴奈
43	武蔵野美術大学	造形学部	建築学科	3	渡邉和
44	明海大学	不動産学部	不動産学科 デザインコース	3	神友里恵
45	明治大学	理工学部	建築学科	2	大方利希也
46	ものつくり大学	技能工芸学部	建設学科 建築デザインコース	3	桐淵玲央
47	横浜国立大学	理工学部	建築都市・環境系学科 建築EP	2	金俊浩
48	早稲田大学	理工学術院 創造理工学部	建築学科	2	江尻悠介

* 所属・学年は課題提出時のもの

1次投票[巡回審査後]						2次投票[本審査]						最終投票[獲得点数]						審査結果
植田	小西	中川	藤村	前田	計	植田	小西	中川	藤村	前田	計	植田	小西	中川	藤村	前田	計	
	●				1		●				1								
●		●	●		3	●		●	●		3	3		5	5		13	**優秀賞1等**
				●	1													
●		●	●	●	4	●		●	●	●	4	5		3			8	**優秀賞3等**
				●	1													
		●			1			●			1							
			●		1													
	●				1		●				1							
●		●		●	3	●			●	●	3		1			1	2	
●		●			2	●					1							
		●	●	●	3			●	●	●	3				1	3	4	**前田賞**
	●				1													
●					1													
	●				1		●				1		5				5	**小西賞**
		●			1			●			1			1			1	**中川賞**
	●				1													
●					1													
	●				1		●				1							
			●		1													**藤村賞**
●					1													**植田賞**
	●		●	●	3	●	●		●	●	4	1	3		3	5	12	**優秀賞2等**
		●	●		2					●	1							

住宅課題賞2017｜入選作品

入選者および教員の所属・肩書きは2017年度時点の情報に基づく

01 宇都宮大学 | Utsunomiya University
工学部｜建設学科｜建築学コース

課題 集合住宅 ［3年生｜2016年度｜建築設計製図Ⅲ・第2課題］

出題教員：大嶽陽徳　指導教員：若松 均

宇都宮駅から程近い、釜川沿いの敷地に集合住宅を設計する。
集まって住むことで、どのような気持ちのよい豊かな暮らしが実現できるか？
戸建て住宅では実現できない、魅力のある空間を構想すること。
また同時に、集合住宅が都市の一部を形成する意味を考え、周辺地域からみた建物の「あり方」について提案すること。建物をつくることによって、周辺にどのような賑わいをもたらすことができるか？この場所に相応しい集合住宅の提案を求める。
また、設計にあたって、「関係」をキーワードにして考える。窓を通した自然との「関係」、内と外との「関係」、住戸間の「関係」、行き交う人々、建物と周辺環境との「関係」など、計画するに際してのさまざまな「関係」について考え、設計に具体的に反映しなさい。

設計条件
・延床面積：700m^2 程度（容積率100%目安）
・住戸数：7–10戸（1戸あたり平均80m^2 程度 ［40–100m^2］）＋α
・駐車場：各住戸に1台程度。
・構造：RC 構造を基本とする。

敷地条件
・所在地：栃木県宇都宮市二荒町
・敷地面積：697.5m^2
・用途地域：商業地域（許容建蔽率：80％、許容容積率：400％）
・道路斜線：1/1.5

出題教員コメント
学部2年生前期のトレース、後期の木造週末住宅を経て、2番目の設計課題が、この小規模な集合住宅の課題です。本学の設計課題では、常勤の教員とともに、1学年につき1課題を非常勤講師の建築家が担当しています。出題内容は、学年進行に合わせて、徐々に地域や社会との関わりを構想するものとしています。この課題では、若松均非常勤講師と相談し、中心市街地を流れる小さな河川である釜川沿いの敷地において、周辺環境との新たな関係による集合住宅の提案を求めました。［大嶽陽徳（助教）］

宇都宮大学 工学部 建設学科 建築学コース 3年生［課題出題時］
カレロ友希恵 | Calero Yukie

ゆく川の流れは絶へずして
地方都市の中心市街地にある本敷地は住民主体のイベントが盛んで、クリエイティブでおしゃれな雰囲気の人々や店舗が集まるなど、場所の価値が見直されてきている。この集合住宅は通行人や住民が行き来し、溜まれる、川の景観を生かした「都市のコモンスペース」となる中庭を内包する。また、変わり続ける時代や人々にも対応できるような店舗一体型のスケルトン住宅を提案する。

指導教員コメント

宇都宮中心市街地を流れる釜川沿いの敷地において、周辺環境との新たな関係による集合住宅の提案を求める課題です。カレロさんの作品は、穴がうがたれた帯状のボリュームを環状に配することで、都市と連続した、非完結的な場としての中庭空間を形成しています。こうした、中心市街地における新たなコモンスペースを提示したことが評価されました。

[若松 均（非常勤講師）]

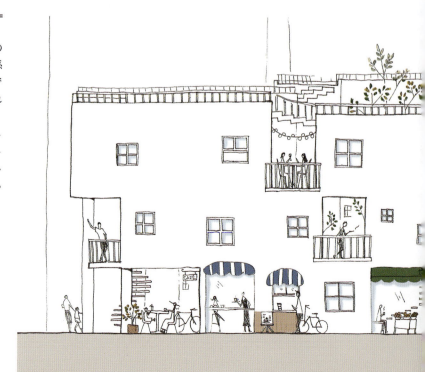

B-B'立面断面図 | S=1:200

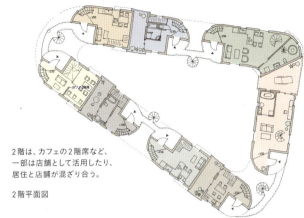

2階は、カフェの2階席など、
一部は店舗として活用したり、
居住と店舗が混ざり合う。

2階平面図

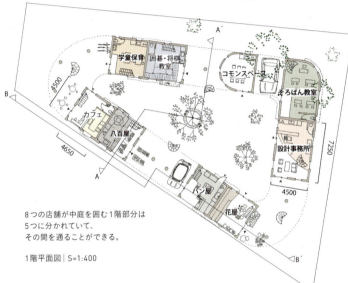

8つの店舗が中庭を囲む1階部分は
5つに分かれていて、
その間を通ることができる。

1階平面図 | S=1:400

審査員コメント

三角形の敷地に対し、2辺の中ほどで丸くなって中庭側に人を引き込む箇所があり、上手く曲線を使っていると思います。構造的にも無理をせずに人の引き込みができていますが、建物が円状なので通り側と中庭側の壁の表情をもっとはっきり変えても良かったのではないでしょうか。内も外も同じくらいの開き具合になっていますが構造の特性としては、どちらかをもっと開くことが可能です。[小西]

01 | 宇都宮大学 | 工学部 | 建設学科 | 建築学コース | カレロ友希恵 | 入選

02 | 神奈川大学 | Kanagawa University
工学部｜建築学科｜建築デザインコース

課題 Rurban House ── 地域に開かれたスペースをもつ住宅

[2年生｜2016年度｜建築デザインⅠ・第Ⅱ課題]
出題教員：山家京子　指導教員：山家京子、石田敏明、吉岡寛之、田野耕平、猪熊 純、アリソン理恵

港北ニュータウンのエッジに位置する敷地に、シェアスペースをもつ住宅を設計せよ。敷地は港北ニュータウンの計画範囲と従来の農村エッジに位置する農家敷地が分割されたものである。
北西側には戸建て住宅地や集合住宅が建ち並び、南西側には果樹園や畑地など農的環境が維持されており、いわば異なる特徴をもつ風景にぶつかる場所である。
この都市と農村が出会う場所で、近隣の住民との関わりをもつ活動を想定し、どのような風景とライフスタイルが実現されるべきか考えながら住宅を設計してほしい。

敷地・設計条件
・夫婦＋子供2人（小学生）が住む。
・近隣の住宅近隣の住民と関わりをもつ活動を行うためのスペースを計画すること。
・活動内容は各自が自由に企画する。例えば、絵や写真の展示、ミニコンサート、絵本の読み聞かせ、野外調理など。
所在地：横浜市都筑区中川3丁目
敷地面積：300m²
延床面積：150m²程度
　　　　付加機能については適宜設定すること。
用途地域：市街化調整区域
　　　　建蔽率60%　容積率200%

出題教員コメント
「Rurban House」は地域に開かれたスペースの提案を求めた住宅課題です。「Rurban」は「Rural（田園の）」と「Urban（都市の）」が組み合わさった言葉です。敷地は港北ニュータウンのフリンジに位置し、果樹園や畑など農の風景もありながら、宅地化がランダムに進行しているエリアにあります。「Rurban」な環境を読み解き、近隣とのつながりを創出するプログラムをいかに組み込むかが鍵となります。[山家京子（教授）]

神奈川大学 工学部 建築学科 建築デザインコース 2年生 [課題出題時]

向 咲重 | Mukai Sakie

梁が分節し繋がる家
RURALとURBANの混合するこの土地で、地域へと活動を広げられるよう南側にシェアスペースをもつこの家は、住宅としての役割を失うことのないように奥に進むにつれプライベートな空間へと変化していく。家族の繋がりを感じながら、それぞれの居場所ができるよう梁とレベル差で空間を分け、梁をくぐるとひとつの場が現れる。家族の気配を感じつつ、どこか仕切られているような住宅を提案する。

敷地に対して建物を振ることで四隅に余白ができそれぞれ異なる居場所ができる。その居場所をデザインすることで地域にひらくことと住宅という用途の共存をはかる。

指導教員コメント

大きなせいの梁と、敷地に沿った緩やかなレベル差をもつ床が、おおらかに空間を分節する住宅の提案です。エントランス側の天井高の高い空間は建具を解放することで地域に開かれた工房のようなスペースとなり、奥の方にいくにつれて天井高の低い落ち着いた空間となります。敷地形状とシンプルな架構の組合せによって、この地域特有のおおらかさを引受けながら、別の敷地でも援用可能な地域に開かれた住まいのあり方の可能性の一端を示しています。
［アリソン理恵（非常勤講師）］

システム

- プライベート
- セミプライベート
- パブリック

敷地の奥にいくにつれて
プライベート性が上がるように
ステップを踏む。

家族構成

仕事帰りにDIYに励むお父さん
料理大好きお母さん
工作大好きな小学生の子供たち

02 ｜ 神奈川大学 ｜ 工学部 ｜ 建築学科 ｜ 建築デザインコース ｜ 向咲重 ｜ 入選

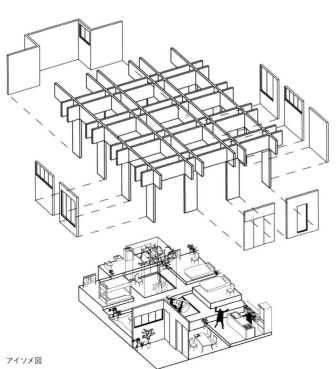

アイソメ図

審査員コメント

ダブルグリッドを基本として、敷地の段差をとり入れながら階段状の住居を設計しています。このダブルグリッドに対する本人の愛情がとても強くて、模型の素材の選び方からもそれが伝わってきました。巡回審査時の「自分たちの趣味がまちに広がっていくにはどうしたら良いか」という言葉が印象的で、緩やかな階段がそういったことを自然と表現しているように感じました。［中川］

03 関東学院大学 | Kanto Gakuin University
建築・環境学部 | 建築・環境学科 | すまいデザインコース

課題 都市／住宅 [3年生｜2017年度｜住宅設計スタジオ・課題1]

出題教員：村山 徹　**指導教員**：粕谷淳司、奥野公章、村山 徹

横浜市中区黄金町の敷地に、住宅を設計する。黄金町は数年前まで治安の悪い地域であったが、ここ数年は『黄金町バザール』が行われるなどアートを軸にしたまちづくりが盛んに行われている。

近年、住宅は職住一体、二拠点居住、シェアハウスなど、住まい方が多様化している。そのような状況を考察して、一般的な住宅ではなくここ（黄金町）でしか成立しない、都市と関係をもった新しい住宅の姿を考えてほしい。

クライアント

クライアントは、A_夫婦（60代）、B_4人家族（40代）、C_2人同居（20代）の3つから1つ選択する。また、住まい方は、各自で自由に設定する。

A_夫婦
・夫：60代、妻：60代

B_4人家族
・夫：40代、妻：40代、子供：男の子15歳、女の子12歳

C_2人同居
・男：20代、男：20代

設計条件

1) 敷地：横浜市中区黄金町1丁目
2) 敷地面積49.00m²／建ぺい率80%／容積率400%／高さ制限31mまで
3) 必要諸室（空間）と規模：各自が算定し決定する。
4) 構造規模：構造・階数共に自由。

出題教員コメント

都市住宅の課題です。都市と住宅の関係は、継続的に議論されている普遍的な問題です。そこで、あえて「都市」と「住宅」という抽象的な言葉をただ並列するタイトルをつけています。さらに、黄金町という複雑なコンテクストをもった街でありながらも、具体的なプログラムは提示していません。これらの条件から、都市における住宅の問題を考察し、この場所でしか成立しない、新しい建築のカタチをつくりだすことを目的としています。［村山 徹（研究助手）］

関東学院大学 建築・環境学部
建築・環境学科 すまいデザインコース 3年生 [課題出題時]

菅野 楓 | Sugano Kaede

優秀賞1等

2戸の都市住宅

私たちは、既にある建物、他人から影響を受けながら生活している。住人である2人の個々の玄関をくぐると、やわらかな曲面や階段室が自分の居住スペースをつくっている。しかし、それらは、自分以外の人の住まい方に影響され、また、影響を与えている。黄金町という街で、空間を分け合うようにして成り立つこの住宅は、ここでしか存在することはできない。

指導教員コメント

曲面の壁によって互いの存在を感じながら、独身男性2人が生活する立体的な都市住居の提案です。室内の上下につれて変化する風景に加え、一筋縄では読み解けない複雑な空間が、黄金町の猥雑な魅力をも表現しています。「やわらかな曲面は2人を隔てる壁ではなく、自分という存在が、自分以外の存在や環境によってかたちづくられていることを表す」という作者の言葉は、都市に住むことの本質（＝他者との共存）を的確に示しています。[**粕谷淳司（専任講師）**]

西立面図　　　　　　南立面図　　　　　　北立面図

審査員コメント

2戸の都市住宅が、二重螺旋になって積層されています。寸法がしっかり決められていて、断面寸法も平面寸法も、家具や開口の決め方もすごく良い。開口と家具の関係に注目すると、普通は設計しないで余った空間や、決めていない空間は非常に気になるんですが、この作品は全体的にしっかり決まっていて好感を持ちました。［藤村］

03 ｜ 関東学院大学 ｜ 建築・環境学部 ｜ 建築・環境学科 ｜ すまいデザインコース ｜ 菅野楓

優秀賞1等

A

6FL+1000　9. 軒下テラス
　　　　　10. テラス

5FL+1000　7. サンルーム・キッチン
　　　　　8. 屋外テラス

4FL+2000　6. 書斎

3FL+1000　4. ユーティリティ
　　　　　5. 寝室

2FL+2000　3. インナーテラス

1. リビング
2. ギャラリー・アトリエ

GL+1000 平面図 S=1:300

B

6FL+1000　10. ペントハウス
　　　　　11. テラス

5FL+2000　9. 屋外階段

4FL+1000　7. バスルーム
　　　　　8. テラス

3FL+4000

3FL+2000　4. インナーテラス
　　　　　5. リビング

1FL+1000　2. 寝室
　　　　　3. ユーティリティ

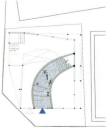

GL+2000　1. エントランス

凹とテラス

出窓と書斎

壁の隙間と空気

景色と浴室

路地とベンチ

隣家の屋根

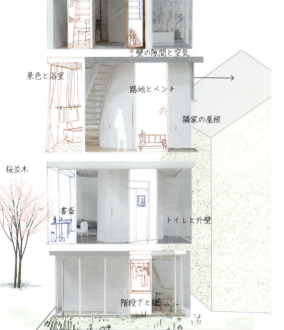

桜並木

書斎

トイレと外壁

階段下と棚

東立面図

04 共立女子大学 | Kyoritsu Women's University
家政学部｜建築・デザイン学科｜建築コース

課題 コミュニティスペース『ひとをつなぐばしょ』がある住まい

[2年生｜2016年度｜インテリアデザイン演習Ⅱ]

出題教員／指導教員：工藤良子

東日本大震災以降の家族のありかた、環境、空間の関係性を考えながら取り組んでください。
今回の計画地は都立大学駅のそば、呑川緑道沿いの敷地です。住居専用地域にありながら駅から近い為人通りの多い場所です。また駅前の密集した場所から一本入り、桜並木の緑道が続く緑豊かな場所でもあります。施主の住まいと合わせて何かあったときに助け合うコミュニティ『ひとをつなぐばしょ』が生まれるような空間を提案してください。

計画条件
1. 敷地条件を生かしたコミュニティスペース『ひとをつなぐばしょ』
   （カフェ、店舗、ギャラリー、パブリックガーデン等）を計画する。
   緑道の自然をとりこんだ外部空間と内部空間が融合したコミュニティスペースであること。
   コミュニティスペース『ひとをつなぐばしょ』の提案であること。
2. 施主は2人以上（夫婦、友人、家族等自由）
3. 必要な諸室は施主の住宅とコミュニティスペース『ひとをつなぐばしょ』です。
   各自設定してください。
   建蔽率、容積率に気をつけて設計してください。

敷地条件
場所：東京都目黒区平町1丁目（東急東横線都立大学駅徒歩3分）
用途地域：第1種中高層住居専用地域
建蔽率：60%（角地緩和＋10%）
容積率：200%、160%（4m×40）
道路斜線：1:1.25
高度地区：絶対高さ10m
敷地面積：265.47m^2

出題教員コメント

「家族のあり方」や「人々の住まいに対する意識の変化」をテーマとしています。何かあった時に助け合うコミュニティを形成する住まい、住宅における公共性の提案を求めています。街に開きながら住宅としてのプライバシーの問題をどう計画するか難しい課題ではありますが、家族だけでは完結せず、豊かな関係性を育む住宅の可能性を探って欲しいと考えました。

[工藤良子（非常勤講師）]

共立女子大学 家政学部 建築・デザイン学科 建築コース 2年生［課題出題時］

新道香織 | Shindo Kaori

桜がつなぐばしょ

桜並木の緑道が続くこの場所に、読書好きな夫婦二人が住むブックカフェ兼住宅を設計した。パブリックスペースの中に小さなハコのようなプライベートスペースを点在させた。閉店時にはブックカフェはプライベートスペースへと変化する。内部にも桜を取り入れ外部と連続性を持たせ人々を引き込ませる。地域との関わりが希薄化していく中で街の人々が集まる場所をつくりたいと考えた。

指導教員コメント

桜並木の続きを敷地内に呼び込み、長い廊下をらせん状に構成したブックカフェです。コミュニティを育む場を断面の構成で提案している点、パブリックスペースとプライベートスペースの関係性に無理がない点を評価しました。住宅部分は最小限に抑えられ適切な関係でプライバシーが守られています。住宅部分がもう少し快適でも良かったかと思いますが、閉店時はパブリックスペースを自宅として利用するというソフト面の提案も好感が持てました。［工藤良子（非常勤講師）］

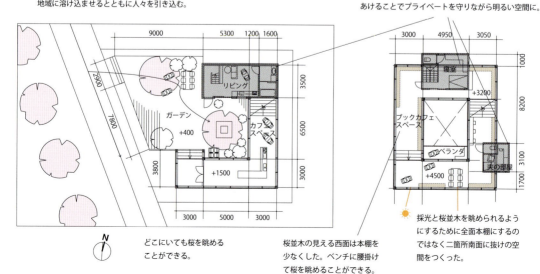

地域に溶け込ませるとともに人々を引き込む。

プライベートスペースの開口部を南面の高い位置にあけることでプライベートを守りながら明るい空間に。

どこにいても桜を眺めることができる。

桜並木の見える西面は本棚を少なくした。ベンチに腰掛けて桜を眺めることができる。

採光と桜並木を眺められるようにするために全面本棚にするのではなく二箇所南面に抜けの空間をつくった。

配置図兼平面図 | S=1:400

ダイアグラム

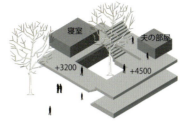

ガーデンに桜を植え、
桜並木の延長のような空間に。

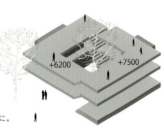

少しずつ階高が上がる。
桜を巡っていくイメージ。

パブリックスペースに
プライベートスペースのハコが
組み込まれている。
プライベートスペースをあえて
点在させることにより
建物全体が長い廊下のような空間に。

断面図｜S=1:400

天井高が低くロフトのような空間。
靴を脱ぎ寝転んで本を読めるくつろげる空間。

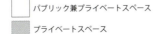

パブリック兼プライベートスペース
プライベートスペース

04 ｜ 共立女子大学 ｜ 家政学部 ｜ 建築・デザイン学科 ｜ 建築コース ｜ 新道香織 ｜ 入選

審査員コメント

「桜がつなぐばしょ」というタイトルから、すごくロケーションの良いところに建っていることが想像できます。本をキーワードに地域に開かれた場所をつくっているのですが、プライベートなところがボックス状になっていて、それ以外の場所には自由に入れるというところが面白い。お店の営業時間によってプライベートな部分が増えたり減ったりするんでしょうね。そういったプライバシーの考え方が興味深い作品でした。[前田]

05 慶應義塾大学 | Keio University
環境情報学部

課題 他者と暮らす住宅 ［1年生｜2016年度｜デザインスタジオ基礎］

出題教員：松川昌平　　**指導教員**：松川昌平、鳴川 肇、菊池豊栄

（1）既に実現されている住宅をリサーチし、その形質を特徴付けている遺伝子のような
　　　エッセンスをできるだけ定量的に読み取ること。
（2）父建築と母建築を選ぶこと。
（3）父建築と母建築の遺伝子を継承した子建築を創ること。
（4）指定した敷地でその子建築が育つことを考慮すること。

出題教員コメント

「父建築と母建築の遺伝子を継承した子建築を創りなさい」という建築初学者向けの課題です。「学ぶ」の語源は「真似ぶ」だそうですが、〈かたち〉をそのまま真似るのではなく、親建築の遺伝子のような〈かた〉を真似ます。親建築の選定は学生の自由なので、よくある巨匠建築分析のように教員と学生の間にある情報の非対称性は存在しません。学生と一緒に親建築の遺伝子とは何かを探るプロセスは、こちらも学ぶこと大です。［**松川昌平（准教授）**］

慶應義塾大学 環境情報学部 1年生［課題出題時］

杉本晴子 | Sugimoto Haruko

共遊する家

キャンパス隣地に建つ学生と教員のためのタワードミトリー。複数のボックスを積み重ね、オーバーラップした壁や天井を抜くことで建築全体がワンルームとみなせる空間を作った。遠心的に配置したスキップフロアをたどって室内と屋外2本の動線が螺旋状に屋上まで続き、2つを自由に行き来しながら回遊できる。螺旋形状をランドスケープにも反映させ建築と地形が調和するデザインを目指した。

Genes

「二重螺旋の家」　　「茶屋ヶ坂の家」

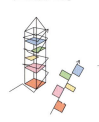
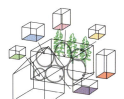
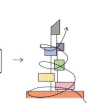

コアに重ねた床を　　環境に対して　　　最適配置したボリュームを
螺旋で一続きにつなぐ　空間機能を最適配置する　螺旋で一続きにつなぐ

ダイアグラム

指導教員コメント

親建築の遺伝子をダイアグラムとして抽出できるかどうかがこの課題のミソですが、杉本さんの案は、父建築の複雑な空間構成と母建築の二重らせんをうまく交配させ、多様で複雑な立体構成にまとめあげたことが評価されました。ただ一方で、敷地の余白部分や周辺環境との関係性まで考慮することができなかった点が悔やまれます。本展までにその点をブラッシュアップできているといいのですが…。[松川昌平（准教授）]

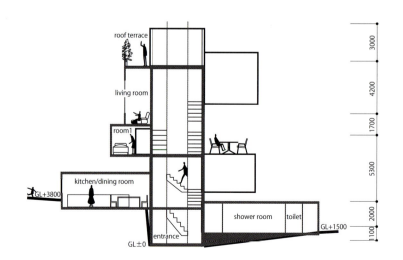

断面図 | S=1:300

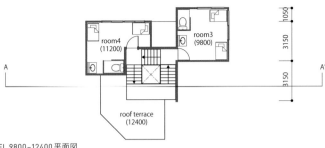

FL 9800-12400 平面図

FL 4100-5600 平面図

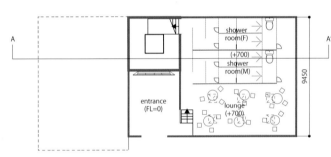

FL 0-700 平面図

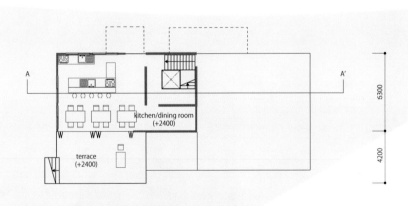

配置図兼FL2400平面図 | S=1:300

05 ― 慶應義塾大学 ― 環境情報学部 ― 杉本晴子

入選

審査員コメント

見た感じ少しびっくりな住宅で、どうしてこの形に決まったのかということに関心を抱きました。建築の必要なボリュームを外に追い出すやり方は自由度が高く、大きさも高さも全て自由。そういった中で、何をどのように決めていくか、非常に難しかっただろうと思います。構造的にもしっかりポイントを押さえていまして、コアがあり、比較的バランスをとりながら、ヤジロベエ状に配置しています。そういった配慮に好感を持ちました。

[小西]

06 工学院大学 | Kogakuin University
建築学部 | 建築学科

課題 外のある家 ［2年生｜2017年度前期｜建築設計Ⅱ・第1課題］

出題教員：冨永祥子
指導教員：木下庸子、冨永祥子、小林直弘、大塚 篤、阿部俊彦、今村 幹、梅中美緒、高呂卓志、高塚章夫、細谷 功、松葉邦彦、中道 淳

この課題では、「外」を取り込んだ家を設計する。
「外」とは、光や風のような環境的なものでも、眺望や庭のように具体的なものでもよい。あるいは他人や街など、一見家の中には無いと思えるものを「外」ととらえて、取り込んでもいい。
私たちが住んでいる街はいろいろな要素からできている。うっとうしいと言って閉じてしまうのはもったいないし、自然は美しいからといって開くだけでもプライバシーが保てない。内と外の豊かで多様な関係を住空間の中にデザインし、街に住むことが楽しくなるような家を設計してほしい。

設計条件
・敷地：東京都八王子市暁町1丁目（暁公園の一部）
・敷地面積：461.6m²
・建築延床面積：120 − 150m² 程度
・家族構成：父・母・子供2人の4人家族を基本とする。
　年齢設定は自由。「外のある家」というテーマに沿った
　ものであれば、上記以外の設定を追加してよい。
　ただし必ず4人以上とすること。
・駐車場（1台）・自転車置場（2台）を計画すること。

出題教員コメント
学生にとっては街中に設計する最初の課題なので、条件に縛られすぎず、多様さを生み出せる設定を考えました。一つ目は「外」をどう捉えるかです。光や風・緑といった即物的な捉え方もあれば、「自分」に対する「他人」のように意味を拡張することもできる。シンプルながら間口の広いテーマとなることを目論みました。二つ目は「敷地」で、閑静な住宅街・公園・南側の土手と川・車道と遊歩道・既存の桜の木、といったさまざまな手掛かりが用意されています。
［冨永祥子（教授）］

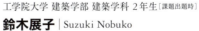

工学院大学 建築学部 建築学科 2年生［課題出題時］
鈴木展子 | Suzuki Nobuko

囲まれた家
普段、家の中に居ると自然を感じる機会は少ない。だが、家全体がルーバーとガラスで囲まれていたらどうだろうか。自然である光、風、雨がその隙間を通り、家の中に入ってくるので、外を感じる場面が増えるのではないかと考えた。また、光とルーバーにより、内と外には影が生み出される。季節や時間によって様々に変化するこのルーバーの影が更に外の様子を内に教えてくれる存在となる。

指導教員コメント

ルーバーで構成されたシンプルな外郭の中に、いろいろな性格をもつ丸い部屋と、その間のスペースがせめぎあう住宅です。どこまでを「外」「内」と呼べばいいか迷ってしまうような構成は、この課題に対する鮮やかな解答として高く評価されました。丸い部屋の床レベルの操作や、壁・ガラス・木といった素材の使い分け、そこに落ちるルーバーの影の変化など、鈴木さん自身が空間体験をしっかり想像しながら設計している点もよかったと思います。[**冨永祥子**（教授）]

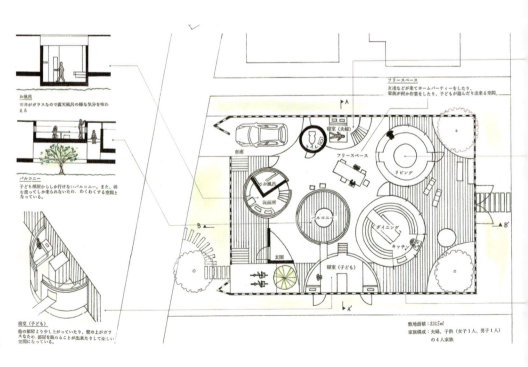

平面図｜S=1:300

審査員コメント

ルーバーを多用した箱状の住宅の中に、円い居場所が高低差をいくつも持ちながら配置される作品です。屋根をよく見るとガラスが入っているところがあったりと、環境を調整する操作もしています。円い居場所の低くなっている部分で、掘りゴタツのように集まれる場所があったり、高いところに見渡すように集まれる場所があったりと、様々な場所の質をつくっているところに共感を覚えました。［中川］

06 ｜ 工学院大学 ｜ 建築学部 ｜ 建築学科 ｜ 鈴木展子 ｜ 入選

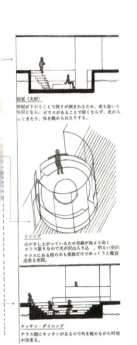

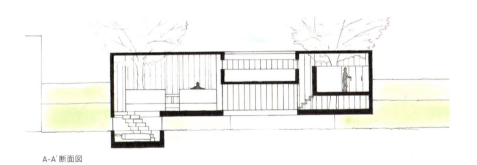

A-A'断面図

B-B'断面図｜S=1:200

07 工学院大学 | Kogakuin University
建築学部｜建築デザイン学科

| 課題 | **都市居住（都市施設を併設させた新しい都市のかたち）**

[3年生｜2016年度後期｜建築・まちづくり演習B]
出題教員：木下庸子　　指導教員：木下庸子、西森陸雄、藤木隆明、星 卓志、Kearney Michael、
金箱温春、山門和枝、小川真樹、沢瀬 学

東京都心では江戸時代から今日まで、歴史上の様々な要因によって繰り返し都市の形態や土地利用が変化し続けてきた。そのため今日では必ずしも機能的で合理的な都市の形が形成されているとは言い難い結果が現れている。道路形状や地理的な条件によっては都心に木造密集地が取り残されたり、住宅街のすぐ脇に巨大な事務所ビルが建設されたり、あるいは不健全なまでに緑地や公園のない地帯が生み出されたりしている。今後ますます進行するであろう高齢化と少子化、そして単身者世帯の増加などにより今までの住宅整備の手法では解決できない課題が山積している。この課題では、これらの問題に対して、まちづくりデザインと建築デザインのそれぞれの視点を通じた総合的な回答を提示することを目的としている。敷地は新宿区左門町から須賀町にかけての一帯で、古くから残る寺社仏閣と住宅地、オフィスビルなどが混在するエリアである。エリア内には10メートル以上のレベル差があり、それらの条件を踏まえて新しい住宅とそのコミュニティに必要な都市施設を提案してもらう。

課題の進め方
前半ではまちづくりの調査手法を学びながらサーベイを実施し、まちづくり方針の提案を行ってもらう。その後4つのスタジオに分かれて自分の敷地を決め、各スタジオのテーマに沿って2つの課題に取り組んでもらう。第一課題と第二課題を通じて最終的に1つの最終提案にまとめてもらう。

設計条件
提案する集合住宅は、対象敷地範囲の現在の住宅規模の1.5倍の住民が住むこととし、その住民、あるいはその住民と周辺の既存住民にとって必要な「都市施設」を含むものとする。

出題教員コメント
課題の「都市居住」というタイトルは、既成のビルディングタイプとしての「集合住宅」の枠にとらわれず、都市に人々が集まって住むという行為そのものを考えるという意図が含まれています。学生達は、敷地条件、社会背景などを考えながら、どんな住民がどのような住まい方をするのかを考え、提案します。敷地は新宿区須賀町と若葉2丁目、都心の古い住宅街で寺社が数多く残る地域。はじめにグループワークでフィールドワークからまちづくり方針の立案までを実施し、後半で各自が建築の提案をします。［木下庸子（教授）］

工学院大学 建築学部 建築デザイン学科 3年生［課題出題時］
日下あすか | Kusaka Asuka

住まいの縁
水滴がくっついたり離れたりするように、3つの広場がくっついたり離れたりして、ある時は一住戸に、ある時は集合住宅になるような住まいを提案する。四谷三丁目駅近くの須賀町はお寺が多い住宅密集地である。窪地の北斜面に建つ集合住宅の広場は、お寺のヴォイドに賑やかさを分散する。戸建てと集合住宅2つの性質を持つこの場所は、現代の暮らし方に寄り添った新しい暮らしの場所である。

指導教員コメント

日下さんは、須賀町と若葉2丁目が崖によって分断されているところを敷地として選定しました。崖の上下で町が分断されてしまっていることを課題として取り上げ、それらを提案の中でつないでいきます。そのつなぎ方としてスケールの違う「広場」を活用しています。地域住民が通過する路地を「みんなの広場」とし、複数の住戸で共有する中庭のようなものを「住民の広場」とし、建物の中にもシェアダイニングがあります。複雑な地形を巧みに操作して屋根形状なども工夫しながら変化と賑わいのある景観を創出しました。[**西森陸雄**（教授）]

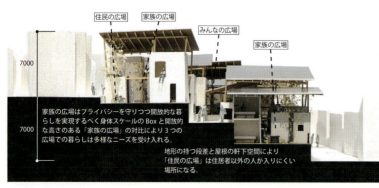

A-A'断面図 | S=1:400

平面図 | S=1:500

審査員コメント

小さな箱の集合体で構成する分棟形式の提案は多いですが、自分で寸法を決めている人は少ないです。この作品は一個一個の箱の大きさや家具を自分で決めていますし、隙間も自分で決めた寸法の集合なので、プランの密度が違います。それからパネルの絵も印象的でしたね。3次元の寸法感覚をもって絵を決められる人は、自分の提案したものと周りの風景がピシっと合うんですよ。これはすごく気持ちよくパースが合っていました。［藤村］

プログラム

家の要素を解体する
部屋単位で分解する

一人で使う要素をBoxの中に入れる
プライバシーを守る

Boxを配置する
Boxの間に家族の共有スペースを作る

家族形態の変化
「住み替え」により空き部屋を作らない

隣家との間にも共有スペースを作る
1ユニット3世帯の集合体へ

07 ｜ 工学院大学 ｜ 建築学部 ｜ 建築デザイン学科 ｜ 日下あすか

優秀賞 3等

08 工学院大学 | Kogakuin University
建築学部 | まちづくり学科

課題 水辺に建つクリエイターを目指す若者のドミトリー

[2年生｜2017年度｜建築設計Ⅱ・第2課題]

出題教員：木下庸子　指導教員：木下庸子、冨永祥子、小林直弘、大塚 篤、阿部俊彦、今村 幹、梅中美緒、高呂卓志、高塚章夫、細谷 功、松葉邦彦、中道 淳

八王子には21校の大学が存在する（平成26年5月現在）。それらの大学に通う八王子在住の一人暮らしの学生たちは果たして、その住まいに満足しているのだろうか。定型化された単身者用住宅以外の選択肢はありえないとあきらめて、帰って寝るだけのルーティンな生活を送っているのではないだろうか。
「外のある家」に隣接する暁公園の敷地に、クリエイターを目指す学生が集まって住むドミトリーを設計する。各々の室同士の関係、アクセスの仕方、専用、共用、公共空間及び内部と外部の関係などに、考慮すること。是非とも斬新な建築提案により、若者たちの楽しい生活をサポートする集合住宅を提案してほしい。

設計条件
・建物規模：約300m²－600m²　・建物階数：2階または3階　・構造：RC造
・施設内容：20-30人程度の集合住宅。必ず共用空間（コモン）を設けること。
　例として、共同キッチンやリビング、研究室、アトリエ・工房（ファブラボ）、シェアオフィス、
　共同店舗、ギャラリー、祈りの場など
・外部用途：駐車場数台分、人数分の駐輪場

出題教員コメント
2年前期の住宅課題終了後に取り組む集住課題です。「集まって住む」ことの意味を考えるなかで家族の領域を越えた住まいの形式へのチャレンジが期待されています。敷地を住宅課題に隣接する立地として、それまで慣れ親しんだ条件下で集中して問題解決に取り組むことが意図されました。また住み手をクリエイターとすることで、建築の学生である自分をも含む生活について考えるなかから、集まって住むことの可能性を追求してもらおうと考えました。
[木下庸子（教授）]

工学院大学 建築学部 まちづくり学科 2年生 [課題出題時]
坂上直子 | Sakagami Naoko

巡り、巡り会う
このドミトリーは中庭・回廊・箱部屋の3つの構成でできている。回廊は部屋への動線空間でもあり、住人が集まり毎日顔を合わせる場となる。回廊を「巡る」ことで壁面の棚の作品や本だけでなく、歩みを進めるごとに変わる景色、行く先々で出会う住人など様々なものに「巡り合う」。そこからインスピレーションや刺激を受け、クリエイターにとって将来の糧となるものを得ることができる。

配置図　S=1:1200

指導教員コメント

建物を敷地に斜めに置くことで彩光条件がよく、眺望も開けた室を持つドミトリーの提案です。三種類の箱を平面、断面方向にずらしながら組み合わせることにより、間取りの異なる豊かな集住となっています。中心には共有空間としての中庭があり、その周りを回廊のように巡りながら上る階段が取り巻いています。階段の踊り場には少人数で使うスペースが散りばめられ、それら各々のスペースはラティス状のディスプレイ棚でやわらかく仕切られています。[木下庸子（教授）]

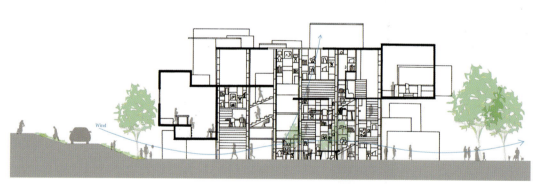

A-A'断面図｜S=1:300

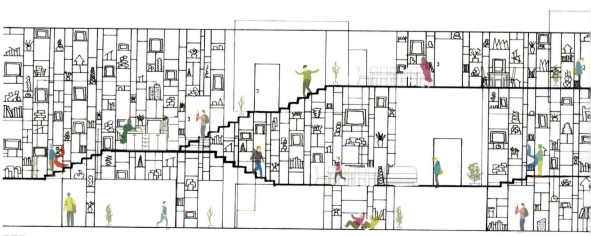

展開図

GL+7500 平面図

審査員コメント

クリエイターが集まって住む集合住宅です。特徴的なのはスキップフロア中央のコアに棚があって、クリエイターがその棚を自由に物で飾っていくということです。模型でもそれが表現されていて、イメージがよく伝わってきました。キッチンもいくつかの階にあるので、自由な場所で食事もできます。階高のバランスも上手くつくられていて、なかなか解放的で気持ちいい空間だと感じました。[前田]

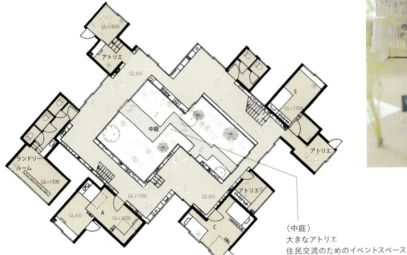

GL+1500 平面図 | S=1:300

〈中庭〉
大きなアトリエ
住民交流のためのイベントスペース
外部の人を招き入れた展示会スペース

08 ｜ 工学院大学 ｜ 建築学部 ｜ まちづくり学科 ｜ 坂上直子 ｜ 入選

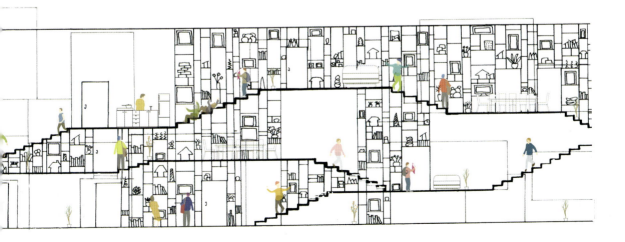

09 国士舘大学 | Kokushikan University
理工学部｜理工学科｜建築学系

課題 「ギャラリーのある家」の設計 ［2年生｜2016年度｜設計スタジオⅠ・第2課題］

出題教員：伊藤潤一、須川哲也、鈴木丈晴、高階澄人、吉本大史、南 泰裕　**指導教員**：鈴木丈晴

東京の住宅地に、ギャラリーのある家を設計する。
敷地は、世田谷の閑静な住宅街で、かつて小川だった緑道に接している。
ここに、3世代にわたる家族5人のための住宅を設計する。

敷地は現在、世田谷区が管轄しているが、5年後にはこの三角形の場所が
すべて払い下げられ、順次建て替えられるものとする。
ギャラリーは展示やイベント開催など、自由に想定してよい。
設計条件以外はすべて自由。

設計条件
ギャラリーを併設した住宅を設計する。
延床面積：200m^2～300m^2
所用室：住居部分（適宜）、ギャラリー（50m^{2}以下）。
　　　　計画する居室については、自由に考えてよい。自分なりのストーリーを作ること。
駐車場：1台分／駐輪スペース：2台分
敷地場所：東京都世田谷区世田谷3丁目
敷地面積：247m^2
敷地条件：角地の2面道路。車のアプローチは南側道路からのみとする。
用途地域：第一種住居地域
　　容積率：200%
　　建蔽率：60%
高さおよび規模：10m以下、かつ3階建て以下。屋上・地下室等を作っても良い。
家族構成：下記の5名および猫2匹
　　　　子世帯夫婦：夫50代（会社経営）、妻40代（専業主婦）
　　　　子供2人：小学生男子、および幼稚園女子
　　　　親世帯：妻の母親（70代、専業主婦）

出題教員コメント

2年前期の、2つめの課題です。この課題の前に、毎年継続している、「現代の小屋」という小課題を出題しています。本課題は、世田谷区の緑道に面した閑静な住宅街に、家族5人が生活を営む「ギャラリーのある家」を設計する、というものです。現在、区が管轄している三角形の変形敷地を対象に、自分なりのストーリーを組み立てて、仕事と生活・余暇と家族といった複数のテーマのもとで、住宅を構想することを求めています。［南 泰裕（教授）］

国士舘大学 理工学部 理工学科 建築学系 2年生［課題出題時］

舘 優里菜 | Tachi Yurina

大屋根の家

自然豊かな緑道を活かす。緑道の木と敷地の形に馴染むようにできた1枚の大きな屋根は、ギャラリーと住宅を繋ぎ、緑道を通る人との交流の場を設けた。また5人の為のリビングは各部屋の中心に設け、家族が孤立しないように設計した。また、ギャラリーとも繋がることで幅広い交流も生む。緑道の緑を取り入れ都会に居つつ自然を感じる事ができる気持ちの良い住宅を設計する。

指導教員コメント

三角の敷地にかかる屋根が、先端で丸く地面に降りてきます。この不思議なデザインは、ランドスケープを志向した有機的な雰囲気を持っています。それは、家とギャラリー、両側の道、パブリックとプライベートを連続させる効果があるためだと思います。ギャラリーは、道に挟まれた幅の狭い2.5層分の開放的な空間ですが、同時に屋根に囲い込まれてもいます。開放的な雰囲気はレベル差や外部テラスを介しながら家へと自然に伝わります。[**鈴木丈晴**（非常勤講師）]

祖母の部屋は、リビングが近く家族の存在をいつでも感じることができる。

リビング、ダイニングから縁道が見え、自然を感じ食事などをする。

育てている木、花に水遣りをする。育てる過程を見に来る地域の人もいる。

育てた花をフラワーアレンジメント教室を開いて地域の人に教えている。

ぐるぐる走り回れる階段で遊ぶ子供たちの面倒を見る。

ギャラリーでは教室で教えながら作った花を飾る。見に来る地域の人と交流が生まれる。

09 ｜ 国士舘大学 ｜ 理工学部 ｜ 理工学科 ｜ 建築学系 ｜ 舘 優里菜 ｜ 入選

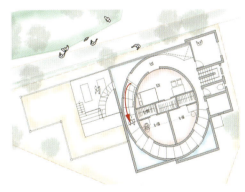

2階平面図

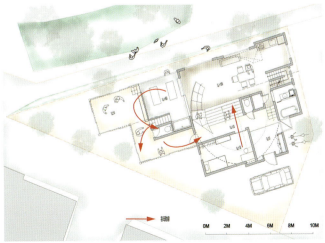

1階平面図

審査員コメント

「大屋根の家」というタイトルに計画への意思を強く感じました。屋根は建築全体に対する影響が大きく、場をつなぐという意味や、囲う・覆うという意味があります。この作品では閉じた住居部分と解放的なギャラリーを屋根でつなぎ、ギャラリー側を屋根で囲い込み、場のつながりを表現しています。下りてきた屋根の先端が絞られていますが、絞るか開くかで全く違ってきます。本人の場のつながり方、開き方に対する考えが架構にダイレクトに出ていると思いました。[小西]

10 駒沢女子大学 | Komazawa Women's University

人文学部 | 住空間デザイン学科 | 建築デザインコース

課題 ダガヤサンドウに住むとしたら ［3年生｜2017年度｜建築デザインⅠ・課題2］

出題教員／指導教員：太田清一、茂木弥生子

「ダガヤサンドウ」と呼ばれる、千駄ヶ谷・北参道エリアが注目を集めています。このあたりは新宿と原宿・渋谷という巨大な商業エリアに挟まれた住宅地ですが、ここ最近、個性豊かな専門店が点在しはじめ、ニッチな大人たちを惹きつけています。2020年の東京オリンピックに向けて建設が進む「新国立競技場」が完成すると、このエリアはより一層活気の生まれる街になることが想定されます。

そこで、今回の課題では「ダガヤサンドウに住むとしたら」を考えます。人が集まって住むことにより新たな価値や関係が生まれ、地域と関わりながら住むことで街の魅力や可能性が広がります。周辺環境に配慮し、内と外とのつながりを考えた12戸の集合住宅を提案してください。敷地調査を行ったうえで具体的な居住者像を想定し、その人々が集まって楽しく暮らすことができる集合住宅を考えてください。

敷地
東京都渋谷区千駄ヶ谷4丁目
近隣商業地域、建蔽率：60％、容積率：300％
敷地面積：約960m^2

条件
・居住者は敷地調査をしたうえで各自が想定すること。
・住戸数は12戸。各住戸の面積は90－120m^{2}前後とすること。
・周辺環境に配慮し、内と外とのつながりを考えた計画とすること。
・駐車スペースは計画に応じて適宜設定してよい。
・駐輪場、ゴミ捨て場を計画すること。
・敷地境界より最低50cm以上セットバックすること。

出題教員コメント
人が住む空間を計画するには、その地域とどのように関わっていくのかを考えることが必要です。そして、新たな人が住むことにより地域に変化が生まれます。今回の課題では、住宅地に新しく個性豊かな専門店が増えて注目されている「ダガヤサンドウ」を敷地に設定し、人が集まって住むことにより生まれる価値や関係を考え、周辺環境を読み解きながら、この地域の魅力や可能性の広がりをつくりだすことを目的としています。［茂木弥生子（准教授）］

駒沢女子大学 人文学部
住空間デザイン学科 建築デザインコース 3年生［課題出題時］

田中くるみ｜Tanaka Kurumi

巣みかの中のすき間
人が持つ個性のように、住宅にも住人によって変わる表情がある。密集していながらも自分の"すみか"を持つ。"すみか"の中にすき間を作り、各々の表情を生み出す。オモテの顔を見せ共有することで、住人の暮らしが見えてくる。そして、住人がそっとくつろぐためのウラの顔も作り出す。都心に人が集まって住むことで生まれる12の異なる表情が、新たな集合住宅としての顔を作っていく。

指導教員コメント

設計者は千駄ヶ谷の新しいものと懐かしくもある歴史が混在する地域にふさわしい集合住宅の住人として、クリエイティブな仕事に就く若い住人を想定しました。住人は1-3人程度です。各住戸は集合住宅というより戸建ての形式を持ちますがその配置の距離感や各住戸の開き方、閉じ方が都市に住まう人々の「巣の集合」としての魅力と新しくもあり懐かしくもある集住感を作り出していることが評価されました。[**太田清一（教授）**]

3階平面図

2階平面図

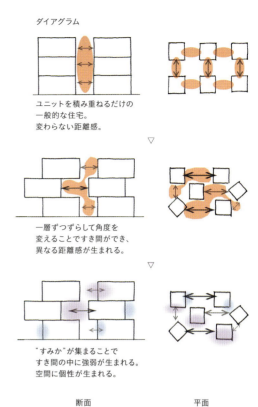

ダイアグラム

ユニットを積み重ねるだけの
一般的な住宅。
変わらない距離感。

▽

一層ずつずらして角度を
変えることですき間ができ、
異なる距離感が生まれる。

▽

"すみか"が集まることで
すき間の中に強弱が生まれる。
空間に個性が生まれる。

断面　　　　　平面

10 ｜ 駒沢女子大学 ｜ 人文学部 ｜ 住空間デザイン学科 ｜ 建築デザインコース ｜ 田中くるみ

入選

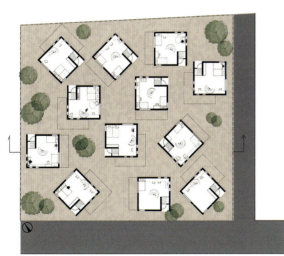

配置図兼1階平面図｜S=1:600

審査員コメント

千駄ヶ谷と北参道の間の「ダガヤサンドウ」が敷地です。新旧が入り混じり、まちが新陳代謝することに面白さを見出して設計を進めたそうです。家と家の隙間を活かすため、12棟の3階建ての家が少しずつ振られて計画されていて、その隙間は家と家を隔てるのではなく、つなぐものになっています。12棟でありながら1棟のようにも見え、家の設計でありながら、まちの設計にもなっているところに面白さを感じました。[中川]

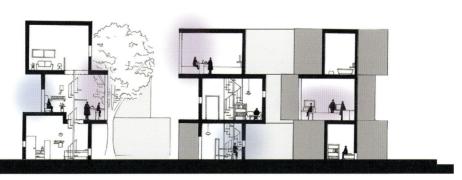

断面図｜S=1:300

11 芝浦工業大学 | Shibaura Institute of Technology

工学部 | 建築学科

課題 様々に変化する生活シーンを考えた住宅 [2年生｜2016年度｜住宅設計演習・課題3]

出題教員：郷田修身　　指導教員：功刀 強

1. 設計条件

（1）家族構成
- 4人家族を想定する。
- 40歳代夫婦＋子供2人（長女中学生、長男小学生）
- 日常の様々な生活シーンを想像し、具体的な空間イメージが伝わる設計を行う。
  また、将来に起きる生活像の変化を考える。

（2）所要室
- 上記家族の生活に相応しい部屋の構成と広さ、しつらえ（家具等）を各自考えること。
- リビング、寝室等の他に＋αの部屋（客間や趣味室等）を設けること。
- 生活上必要な主室は全て椅子、テーブル、ベッドなどの家具が置かれた状態を想定する。
  和室はあっても構わないが全て和室は不可とする。
- 家族全体の収納（納戸）の他、各室、各空間に収納を適切に配置すること。

（3）庭、外構
- ここでいう住宅は単に建築のみを指すのではなく、庭、外構と一体として計画された全体を示している。
  周辺環境を考慮し、道路、隣家との対応や日照や西日、視線を考えた外構、植栽計画を行うこと。
- 敷地資料に示された樹木を残して計画する。庭と室内を関連づけて、敷地全体を積極的に活用すること。

（4）その他
- 車1台、自転車2台のスペースを確保すること。
- 自然条件を生かし、日照、採光、通風、換気を十分に考えること。

（5）規模
- 法規制の中で各自設定するが延べ床面積は $240m^2$ 以下とする。

（6）構造
- 主体構造は木造とする。一部RC、鉄骨などとの混合は可とする。

2. 敷地条件

関東郊外の一般的な住宅地を想定する。敷地は6つの敷地に分割された1区画の中から一つを選択する。それぞれの敷地面積は約235–265m^2。向こう三軒両隣り、裏側の家などの周囲の環境との調和を考慮し、選択すること。また、敷地内の既存樹木は残した計画とする。

用途地域など
- 第一種中高層住居専用地域
- 建蔽率60%、容積率200%
- 高度地区15m地区（最高高さ15m）
- 防火地域指定なし

上記および道路斜線など建築基準法上の制限については、参考程度に考えてよい。

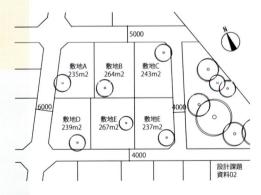

出題教員コメント

建築学科では2年後期に3つの住宅課題の設計に取り組みます。1つ目の課題では平面構成を、2つ目の課題では断面構成を中心に設計を行い、最後の本課題では隣地との関係を設計します。具体的には1つの街区を6つの敷地に分け、各自が自由に敷地の1つを選択し、その敷地の環境特性を読み解きながら住宅を設計するというものです。住宅がどのように並び建つのかをイメージし、社会との関わりについて考えることがテーマです。[郷田修身（教授）] ▶課題出題教員インタビュー p. 238

芝浦工業大学 工学部 建築学科 2年生［課題出題時］

畑野晃平 | Hatano Kohei

住宅街の穴

住宅街という人の目に常にさらされてしまう空間でもプライベートを確保でき、区画の中に小さなコミュニティを形成できる住宅。穴のように埋まった中庭に、半地下のテラス、それに対して区画内の緑道に開いた縁側が小さなコミュニティを作る。プライベートな庭とコモンの縁側が様々な生活のスタイルに合わせて機能する。

指導教員コメント

この提案は隣地の林を街区全体に展開することで、6つの区画の敷地境界を感じさせない自然豊かな住環境を創り出しています。地下階は寝室などを中庭に面して配置したプライベイトゾーンとし、地上階は玄関や居間などを地階から吹抜けた中庭を囲むように配置したパブリックゾーンとしています。この吹抜けた中庭によって明快に機能分けされた上下階が一体となり、さらに地階も明るい開放的な空間となっています。適切に計画された建築は高さも建築面積も抑えることにより林を活かし、林の中に佇む魅力ある住宅そして住宅地となっています。
［功刀 強（非常勤講師）］

審査員コメント

敷地が隣り合う6戸のうちの1戸を設計するという設定で、まず6戸全体のあるべき姿を考えてから設計したそうです。設定した図式は明快だったのですが、地下に掘り込んでいるとは言え、最もプライベートなベッドルームが道路側から丸見えの場所になっていたりと、絵で考えると無理がある部分も感じられます。図式で考えるタイプで、ちょっとダイヤグラムっぽさが残っているのかなと思いました。［藤村］

11 ― 芝浦工業大学 ― 工学部 ― 建築学科 ― 畑野晃平 ― 入選

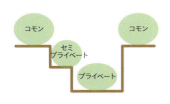

断面計画

外と敷地が同じレベルにあると周辺住民と目が合ってしまう。敷地内にレベルを下げ地下を設ける。外との関係を断ち周辺に影響されない場を作る。地上と違うレベル差をもつ半地下を設け外も感じられる場も設計する。

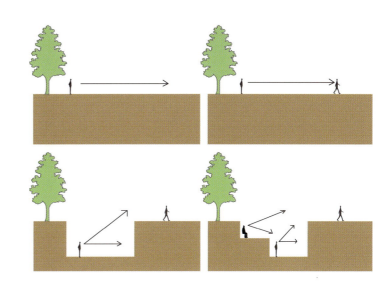

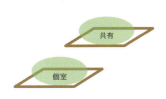

平面計画

地下にはプライベート性の高い寝室を、一階には家族の集まる部屋を配置した。動線は室内階段と屋外階段の二つでレベルの行き来を行う。屋外の階段は地上のレベルから半地下、地下または一階へと移動できる。

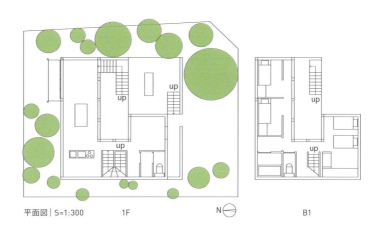

平面図 | S=1:300　　1F　　　　　　　B1

配置計画

区画内に関係を持てる場が無ければ住民同士でコミュニケーションを取りづらい。緑道を配置することで区画に魅力を持たせる。魅力を楽しめる縁側を配置し、外部に住民共有の場を形成する。小さなコミュニティの生まれる区画を計画する。

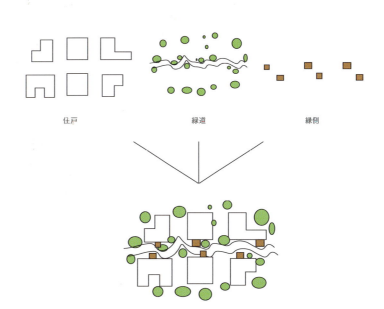

住戸　　　　　緑道　　　　　縁側

086 | 087

12 首都大学東京 | Tokyo Metropolitan University
都市環境学部 | 都市環境学科 | 建築都市コース

課題 **名作から考える** ［3年生｜2017年度｜建築デザインⅠ］

出題教員：一ノ瀬雅之、猪熊 純、富永大毅、宮内義孝　　**指導教員**：宮内義孝

建築は、新築であっても、実はゼロから作るものではありません。構造や工法や環境は、先人が培った知恵を積み重ねて今の技術が成立しています。これは、技術に限ったことではありません。人が過ごす空間づくりにおいて、構成・形・寸法・素材・肌理などの空間を決定するあらゆる要素の扱いにおいても、私たちは先人たちの取り組みを参照し、学び、改変し、自分たちの設計に取り入れてゆきます。建築とは、先人たちが作り上げた歴史に私たち人一人が接木をするような営みとも言えます。

今回の課題は、こうした視点から設計を試みます。まず行うことは、名作住宅の読み込みです。図面や写真をできる限り多く集め、その作品から学ぶべきことを探してください。作家本人や批評家などが語っていないようなことでも構いません。じっくり読み込むことによって見えてくる、その作品ならではのエッセンスを見つけてください。大きな構成についてでも、細やかな素材の扱いについてでも、なんでも構いません。あるいはそうしたエッセンスをどう統合しているのか、ということこそが、最大の学びになるかもしれません。

設計は、その上でおこないます。敷地や家族設定など、参照作品とは異なる要素ばかりなので、直接アイディアを盗むことはできません。真似ではない、ということです。学んだことを、今回の計画ならではのものに転換し、みなさんの設計に落としこんでください。結果としては、たくさんの学びを得ながらも、一見全く違うものに進化することも多いと思います。

リサーチ

写真だけでなく、主に図面を分析する。資料自体もグループで手分けして探すこと。まとめは図面主体で行い、写真は補足程度に使う。A1用紙横使い数枚に、どこがその作品の特徴であり、素晴らしい点かを記載する。図面そのものは雑誌などの拡大コピーでも良いが、注目した点がわかるように色を塗ったり家具屋人を書き加えたりといった工夫を行うこと。配置や構成だけでなく、寸法やディテールなどでも良い。グループの人数分以上の長所を挙げること。

〈名作10選〉　（1）坂本一成／HOUSE F　（2）コルビュジェ／ショーダン邸
（3）アドルフ・ロース／ミュラー邸　（4）H&deM／レイマンの住宅　（5）青木 淳／B
（6）ラカトン＆ヴァッサル／ラタピ邸　（7）リチャード・ノイトラ／カウフマン邸
（8）レム・コールハース／ダラヴァ邸　（9）西沢立衛／House A　（10）篠原一男／未完の家

設計条件

・家族想定：両親と子供2人（合計4人）、趣味や仕事などは適宜想定して良い。
・計画条件：駐車場を一台分設ける。面積に対する制限は無いが、
　敷地や周辺環境を活かしきった設計を心がけること。
・構造：自由

出題教員コメント

「設計はゼロから考えるものではなく、先人たちから受け継いできた思想・思考のうえに接ぎ木するように行うものだ」という観点から、過去の名作住宅を分析し、そのエッセンスを取り入れた設計をする、という課題を出しました。一般的な課題に比べ、建築を「分析する」ことが問われる課題で、今後も活かせるスキルを身につけて欲しいと思いました。［**猪熊 純（助教）**］

首都大学東京 都市環境学部
都市環境学科 建築都市コース 3年生［課題出題時］

美代純平 | Mishiro Jumpei

ラウムプランによって結ばれる「職」と「住」の関係性

アドルフ・ロースにより、ミュラー邸の設計に用いられた設計手法、「ラウムプラン」。本設計は、その立体的合理性を追求するゾーニングプログラムの可能性を現代住宅に応用した、職住一体型住宅の提案である。「立体的な距離感」をもってプライベート性の調整を行い、螺旋形の動線によって「住宅のつながり」「住居と職場のつながり」「家族のつながり」を結びつける。

指導教員コメント

アドルフ・ロースのミュラー邸を参照した彼の作品は、立体的に絡みあう空間を全く別の敷地に再構成したものです。キュービックな外観を含め、参照元と直接的に似た要素も多くなってはいるものの、建築の大きさや用途が異なることを引きうけて、複数の経路の絡め方、大小のボリュームのリズムなど、自分の設計に取り込んでいることに好感が持てました。［**猪熊 純（助教）**］

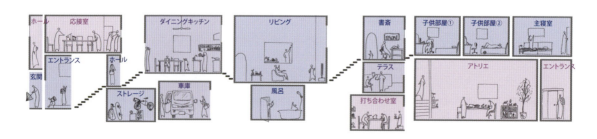

生活のイメージ

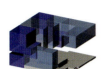

立体的ゾーニングによるプライベート性の操作

このらせん状の動線に伴う各室のゾーニングは、住宅内においてパブリック性を持つアトリエ空間との「立体的な距離感」をもってプライベート性の調整を行っている。らせんを上るにつれてプライベート性の高い空間へと向かっていき、同時にそれはアトリエ空間との平面的な壁を通した関係性から、階層を隔てた関係性へと変化することを意味する。

アトリエ空間と住空間のつながり

中心のヴォイド空間を取り巻くらせん機構を軸として職住の空間を結び付けていく。この建築における住宅の主な動線は、中心を吹き抜けるアトリエヴォイドを取り巻く形となっている。そのらせん状の移動には「住宅のつながり」「住居と職場のつながり」「家族のつながり」が結びつく。

空間構成ダイアグラム

アトリエ専用空間と居住空間、そして共用空間が、立体的な合理性と共に内包される。

■ ：建築アトリエ
■ ：住宅
■ ：共用部

ダイアグラム

審査員コメント

ロースの設計手法を現代住宅に応用した作品です。それぞれの場所が螺旋でつながり、家族と食と住とが緩やかにつながっています。模型を見ると、外部に対する開口部のつくり方とか、空間自体のつながりは緩やかに連続していますが、上の住居部分が少し単調に感じました。現代に応用したとき、何かもうひと工夫あるとすごく良かったかなと思いました。[前田]

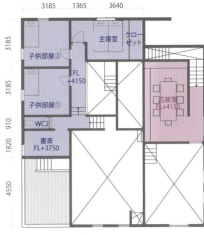

3階平面図

2階平面図

断面図 | S=1:250

1階平面図 | S=1:250

13 昭和女子大学 | Showa Women's University

生活科学部 | 環境デザイン学科 | 建築・インテリアデザインコース

[課題] **私たちの長屋──三宿に暮らす──** ［3年生｜2017年度｜設計製図Ⅱ-1］
出題教員：高橋堅、手嶋保、栃澤麻利、杉浦久子　指導教員：高橋堅

昭和女子大学からすぐ近くにある住宅地、三宿周辺。
三軒茶屋駅からは反対方向にあり、普段は馴染みのないエリアかもしれないが、学校、ショップなどもある住宅地である。
このエリアの奥まった場所にある木立に囲まれた敷地。
あなたが、誰かがここに住むとしたら……ここでの新たな暮らしを想像し、この敷地の形状や隣接する建物、アプローチなども考慮に入れ、魅力的な「私たちの長屋」を提案して欲しい。

敷地
東京都世田谷区三宿1丁目

条件
・長屋（タウンハウス）
・4戸程度、本人がどこかに入居すること。1戸90m² 程度。
・敷地内の木は残すこと。
・駐車スペース1台。
・基本的に1棟とする。

※長屋：廊下及び階段等を使用しないで2戸以上の住宅が、連続又は重なっているもの。
・長屋の入り口：道に面してつくる。（ただし各戸の主要な出入り口から道に通じる敷地内通路幅が2m以上あればよい。この場合敷地内通路は天空通路とする。）
・長屋の構造：長屋の各戸の界壁の長さは2.7m以上とする。
・長屋の開口：長屋の各戸は、直接外気に接する開口部を2面以上の外壁に設けなければならない。
c.f. 共同住宅：2戸以上の住宅が廊下及び階段等を共用しているもの。

出題教員コメント
3年前期は集住に関する共通課題2課題を行っています。昨年より3名の非常勤講師陣とともに前半課題を「私たちの長屋──三宿に暮らす──」として、大学近隣にある敷地（木立の中に建築家による2世帯住居が存在する）を皆で実際に訪れ、観察、調査することから課題を進めました。この貴重な環境を残しつつリアリティのある長屋の集住を等身大の視点から解くことが求められました。[杉浦久子（教授）]

昭和女子大学 生活科学部
環境デザイン学科 建築・インテリアデザインコース 3年生［課題出題時］

杉本 萌 | Sugimoto Moe

間の長屋
ただ壁を共有するだけの関係ではなく、住戸と住戸の間に、住人同士、外部空間、街といったそれぞれの中間領域となるような空間をつくる。共有部を持たない長屋において、間の空間は人々が集まる場となり、プライベートを確保しながらもパブリックな空間をもつ住居となる。街のなかで一軒の長屋に大きな家族としてコミュニティをつくって住む新しい暮らし方を提案する。

指導教員コメント

かつての棟割長屋が都市居住の一つの形式である現在の「長屋」に至る過程で、「長屋」の意味は大きく変わっていきました。そこには法規のあり方が大きく絡んでおり、旗竿敷地で建設不可となりやすい共同住宅の亜種として、また用途地域や消防法をかい潜る形式として捉えられてきたことは否めません。杉本さんの作品はこうした経緯をよく理解した上で、現行の法規に則りながらその法規自体を換骨奪胎し、むしろ長屋という形式こそが好ましい状態になるということを目標としており、そこに一定の達成度がありました。[高橋 堅(非常勤講師)]

断面パース

配置図兼1階平面図 | S=1:400

3階平面図

2階平面図 | S=1:600

13 ｜ 昭和女子大学 ｜ 生活科学部 ｜ 環境デザイン学科 ｜ 建築・インテリアデザインコース ｜ 杉本萌 ｜ 入選

審査員コメント

4つの長屋に様々な交流が生まれるような仕掛けがつくられています。交流できる場所がそれぞれの棟の2・3階にあって、2階は外から、3階は中から上がるというように、違う方法で外とつながるという点が面白い。また、4つの構造をつなぐことで通常開けられない方向に大きな窓を開けられたり、床の高さを変えられたりと、構造的にできることが結構違うんです。そういった構造特性を活かすと、かなり色々なことが出来そうです。[小西]

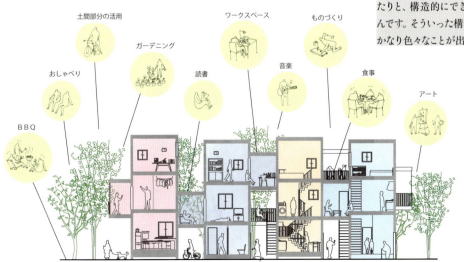

A-A'断面図 ｜ S=1:300

14 女子美術大学 | Joshibi University of Art and Design
芸術学部 | デザイン・工芸学科 | 環境デザイン専攻

課題 集合住宅計画・景観デザイン ［3年生｜2016年度｜集合住宅計画・景観デザイン］

出題教員：飯村和道　**指導教員**：飯村和道、下田倫子

この課題では、前課題までに習得した居住空間および周辺の外部環境に対する考え方や知識を生かし、街並みおよび建築（集合住宅）として、快適な環境をデザインすることを学びます。

18世紀の江戸は、100万人以上の人々が暮らす大都市でした。一家族当りの広さ・設備は今日とは比べものにならないですが、そのような中でも、集まって暮らす知恵をもっていました。しかし、20世紀後半の高度成長は、東京などの都市や、郊外の風景を一変させてしまいました。都市では業務・商業が優先され、郊外は、スプロール化により山野（里山）・田畑には均質的な小住宅や団地が並ぶ住宅地になってしまいました。このような住環境が私たちにどれだけストレスを与えているのでしょうか？ ふたたび、家族や友人、地域でのくつろいだ時間がもてる豊かな住環境に改善できないでしょうか？

個人⇔個人、個人⇔地域、個人⇔家族、家族⇔地域の関係が希薄になっているといわれている現代の状況を振り返りながら、住環境、とりわけ都市に集まって住むことについて意義を考え提案することが課題の主旨です。

都市は、集積性・利便性において大きな魅力をもっているため、そこには様々な世代・家族が暮らしている生活環境があります。このような都市的な環境に、住まい手・家族のライフスタイル等を想定し、各自個性と魅力ある住環境をデザイン・提案することを目標とします。

集まって住む意義・地域や街並みの形成・コミュニティとプライバシー等をキーワードに住環境を計画してください。

京都の町屋、エーゲ海都市、モロッコのカスバ、ベトナムのホイアンなど歴史的な古い街並みには、時間をかけて形成されたすばらしい居住空間とそれを囲む外部空間（路地などの都市空間＝ランドスケープデザイン）が存在します。また近年計画された集合住宅やそれを囲むランドスケープデザインにも優れたものが多くあります。それらの事例を参考に、若々しく新しい提案がされることを期待します。

主な設計条件

◆**敷地A**：東京都武蔵野市吉祥寺
　関東大震災（1923年）を契機に多くの人が住み着いた歴史のある住宅地。
　・住戸数：10戸以上、1戸あたりの面積が75m²、100m²、120m²の3タイプの住戸を、
　　それぞれ2戸以上計画すること。
　・階数：2〜3階程度　・駐車場：任意　・駐輪場、ごみ置き場を設置すること
　・店舗、集会場、公共施設等と複合させること　・構造：鉄筋コンクリート造等　・建蔽率：60％

◆**敷地B**：神奈川県川崎市麻生区新百合ヶ丘
　1980年代から1990年代に開発されたニュータウン。
　・住戸数：15戸以上、1戸あたりの面積が75m²、100m²、120m²の3タイプの住戸を、
　　それぞれ2戸以上計画すること。
　・階数：2〜3階程度　・駐車場：任意　・駐輪場、ごみ置き場を設置すること
　・街並み等を考慮したランドスケープデザインを提案すること　・店舗、集会場、公共施設等と複合させること
　・構造：鉄筋コンクリート造等　・建蔽率：60％

出題教員コメント

3年次最後の実技課題です。11月から12月まで約2カ月の期間をかけて実施されており、毎年30名程度の学生が取り組みます。具体的に現実の敷地を設定し、あらかじめ与えた規模・条件をもとに、各自計画を行います。そして、その成果は、学生有志が自発的に都内等のギャラリーで学外展を開催しており、多くの来場者に講評を頂いております。［**飯村和道（教授）**］

女子美術大学 芸術学部
デザイン・工芸学科 環境デザイン専攻 3年生［課題出題時］
角田梨菜 | Tsunoda Rina

境界をなくす集合住宅

図書館やカフェなどと集合住宅の複合施設を計画。その結果パブリックな性格の場所ができるため、プライバシーへの配慮が必要となる。そこで居住エリアをSNSからみられる人々の心理を参考に「見る」「見られる」について住居を3タイプにわけ計画し、それらを敷地の外側から内側にグラデーションのように配置することで、壁を作らず連続性のある計画を実現させた。

指導教員コメント

角田さんの作品は、集合住宅におけるプライベートとパブリックの関係をテーマに、各々の空間の違いを視覚的に表現した意欲的な作品です。三角形の平面は機能性を考えれば難はありますが、視点の移動により展開する空間の表情は豊かで、場所によって様々に変化するビューは魅力があります。角度を変え連続した内部空間では、パブリック性の高い空間の奥にプライベートな空間の広がりが垣間見られ、生活空間を美しく魅せた魅力的な作品です。［**飯村和道（教授）**］

女子美術大学 | 芸術学部 | デザイン・工芸学科 | 環境デザイン専攻 | 角田梨菜

入選

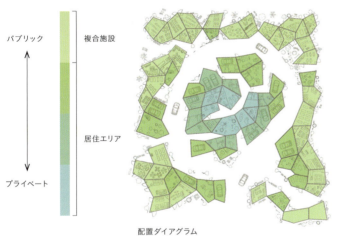

配置ダイアグラム

審査員コメント

SNS的な関係性を住まい方に応用したコンセプトです。プライベートが連続してパブリックにつながっていく、両者を対立するものではなく連続したものとして捉えているところに共感を覚えました。角度が振れている面を沢山つくることで、奥へ奥へと進んでいく楽しさをつくりたいという意図が多面的な形によく現れていますし、パブリックとプライベートが滲み合っている点も良いですね。[中川]

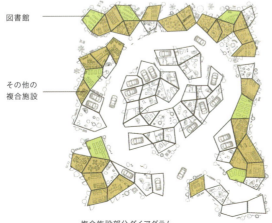

複合施設部分ダイアグラム

15 多摩美術大学 | Tama Art University
美術学部│環境デザイン学科│インテリアデザインコース

課題 風景の中の住空間 ── 一家がくつろげる週末住宅 ──

[1年生 | 2016年度 | デザイン1・課題NO.4]
出題教員／指導教員：田淵 諭

多摩美の先生が、家族で週末過ごすための小さな家とその周辺環境をデザインする。場所は八王子市鑓水「絹の道資料館」近くの山村。細長い地形の中に、かつて水田として造られた美しい棚田や小川や山が広がり奥にはニュータウンが望める。この環境を積極的に楽しめるようなデザインをする。ランドスケープ、建築、インテリアまで、ひと続きの環境としてのありかたを考える。建築家の小西泰孝先生に仮想のクライアントになっていただき、出される条件や希望を考慮して、住空間をデザインする。建築の床面積は120m^{2}以下とする。

出題教員コメント

「風景の中の住空間」。これは自然豊かな棚田の残る多摩丘陵（八王子市谷戸地区）から各自800m^{2}の敷地を選定し、ある建築家一家のための週末住宅を設計する課題です。
環境デザイン学科1年次の最終実技課題で、地域の自然と住環境を読み解き、インテリア・建築・ランドスケープ相互の関係性を学び、住まうことの基本を考え「場の設計・空間の設計」を通して、自然と共存する建築のあるべき姿と人の生活と環境の関わり方を学ぶことを目標としています。[田淵 諭（教授）]

多摩美術大学 美術学部
環境デザイン学科 インテリアデザインコース 1年生[課題出題時]

小林亮太 | Kobayashi Ryota

メビウスの家

建築構造設計家の一家を仮想のクライアントとし、家族で週末を過ごすための小さな家とその周辺環境を「メビウスの帯」をモチーフに設定しデザインした。メビウスの帯の特徴であるひねりや曲線を利用し、ドアを設置せずに視線と動線を考え、帯を建築内外を繋げる壁や屋根として用いることで、開放的な空間からシームレスに繋がるプライベート空間までを設計した。

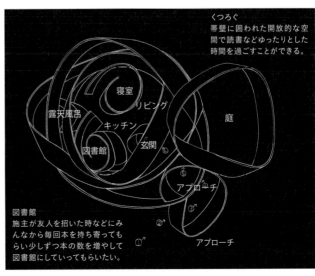

ダイアグラム

指導教員コメント

柔軟な発想力：メビウスの帯壁がうねりながら空間を緩やかにつなげ、帯壁に導かれ魅力的な諸室空間が次々と現れます。自然と一体化した建築の姿：休耕田の棚田形状の草むらに、鳥の巣のように置かれたこの住宅は、建築と環境のよい関係を築いています。また、帯壁のひねり具合で壁や天井にシームレスにつながり、風や日照を配慮した設計になっていて、更に内部空間と外部のつながりも魅力です。以上の点から高く評価しました。[田淵 諭（教授）]

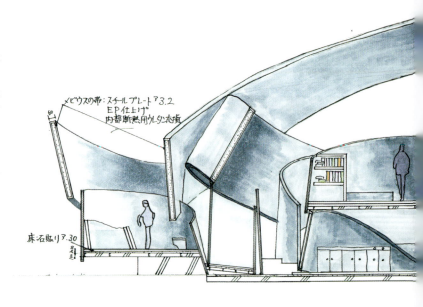

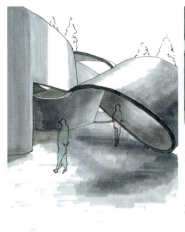  

  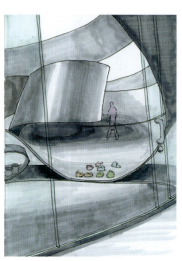

内観スケッチ

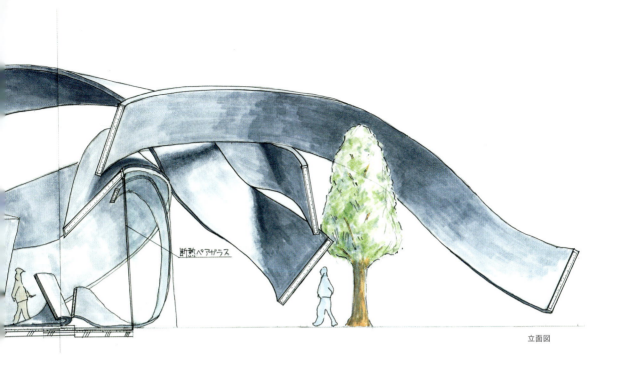

立面図

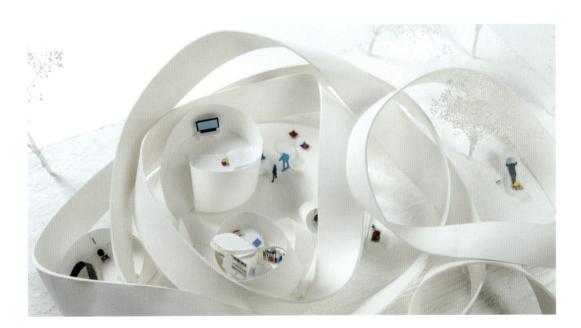

15 | 多摩美術大学 | 美術学部 | 環境デザイン学科 | インテリアデザインコース | 小林亮太 | 入選

審査員コメント

メビウスというモチーフを反復して用いていますが、スケッチがすごく良い。一見単調に見える中にどのようなレトリックをつくるのか、エスキースを重ねて試行錯誤したのがよく分かりました。テレビを置いてあるところ、人が座っているところ、広いところ、狭いところと、色々なリズムがあり、絵で考えたことを立体にするつくり方をしています。全体の造形と部分の情景をしっかりつなげている作品でした。[藤村]

16 千葉大学 | Chiba University
工学部 | 都市環境システム学科

課題 MAD City House ［2年生｜2016年度｜都市環境基礎演習Ⅱ・都市住宅課題］

出題教員／指導教員：峯田 建、船木幸子、森永良丙

もしも今、この町に自分自身が住むとしたら、どのような住まい方を思考するだろうか。都市に家を建てて住むということは、都市の機能を利用することでもあり、同時に都市に対して何らかの影響力を持つことでもある。そして、それらの「Give & Take」は街区の雰囲気に色濃く現れてくる。今回の課題で対象とするサイトは「MAD City」。そこに、この地ならではの住まい方を実現する「自分の住宅」を提案してほしい。

まずは、その場や状況のポテンシャルを活かし育てる家や、その場の抱える問題の解決に一石を投じるような家をイメージしてみよう。そして、自分の住宅が都市空間や「MAD City」のヴィジョンとどのような"Give & Take"をするのか、それにはどのような空間が必要なのか、それは自分や他者にとってどのくらい魅力的なことなのか……などなどを自問自答しながら住宅の姿を追求して欲しい。住人や街のスケールに適し、MAD Cityの刺激となるような、魅力ある住空間を提案してほしい。

- サイト：MAD City（マッドシティー）
  千葉県松戸駅西側にある「マッドシティーギャラリー」を中心とする半径500mのエリア。
  ［マッドシティーの定義とヴィジョン］参照　https://madcity.jp/concept/
- 敷地：エリア内で自由。ただし100m²以内とする。
- 住宅：新築一戸建て。建ぺい率、容積率、高さ制限、予算は問わない。
- 住人：自分（想定年令自由、職業自由）、または、自分を含む複数人居住。

出題教員コメント

この演習は、設計の与条件をただ解くのではなく、課題となった都市エリアに自ら敷地を選定して、そこの居住者となることを想定し、企画立案から戸建て住宅を発想するところに特徴があります。特に養ってもらいたいのは、小さな住宅で展開するライフスタイルが都市の魅力の一つとなるようなハード・ソフトを提案する力、都市環境を構成する大小のモノのスケール感、住宅設計の基礎的な計画・設計技術、などなどです。［**森永良丙（准教授）**］

千葉大学 工学部 都市環境システム学科 2年生［課題出題時］

桐生慎子 | Kiryu Mako

灯籠に住む

松戸駅から遠ざかった坂川沿いは静かで暗く、歩く人に不安を与える。そんな土地に優しく灯る安心の光を提供できたら…。一方坂川は、市民の努力によって年々きれいになってきた川であり、その感謝の気持ちを示すために「坂川清流灯篭まつり」が毎年行われている。本提案では二つの土地の特徴を生かし、住宅に「灯篭」を取り入れながら、坂川沿いをあたたかい空間にしていく。

指導教員コメント

出展作品は、東京のベッドタウンとして発展してきた松戸において、小さな住宅が街中を流れる小さな川に寄り添うように景観を形成する計画が特徴的です。川の歴史と現代の地域住民の活動を参照しつつ、住宅とランドスケープを独自の視点で統合し、夜のまちを照らす灯として、また、その土地の象徴的なオブジェとして昇華されている点が評価され選ばれました。[森永良丙（准教授）]

展示パネルより抜粋

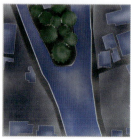
Before

After

コンセプト｜坂川に灯る安心の光

審査員コメント

川の突端にある恵まれた敷地ですが、夜、暗くて不安になるのを解消しようという提案です。夜だけでなく、住宅には昼の生活もありますので、半透明なガラスで下部が覆われているところが気になりました。魅力的な場所だけに、視界をもっと開いたり、対岸の自然にもパスをつなげたりと、もう少し住宅とランドスケープを関連付けられそうな気がしました。

[前田]

16 ｜ 千葉大学 ｜ 工学部 ｜ 都市環境システム学科 ｜ 桐生慎子

入選

ダイアグラム

壁
プライバシーを守る。

半透明ガラス
心地よく外の光を取り入れる。

透明ガラス
外の景色を見渡し、明るい光を取り込む。

配置図兼平面図 | S=1:400

断面図 | S=1:400

17 千葉工業大学 | Chiba Institute of Technology
工学部 | 建築都市環境学科 | 建築設計コース

課題 「流れ」のある住宅設計 ［2年生｜2016年度｜建築設計1・課題2］

出題教員：遠藤政樹　指導教員：石原健也、今村創平、遠藤政樹、佐々木珠穂、多田脩二、千葉貴司

「流れ」をデザインする。
流れにはさまざまなものがある。空気、熱、力、人の動き、生活、情報、時間など。
これらを見ることは難しい。ましてかたちにすることはなお難しい。
しかし重要なファクターである。
視覚化されない、定量化されない事象をイメージしてデザインに組み込んでいく。

設計条件
1. 敷地の南側は将来、広く公園を拡大する計画がある。考慮のこと。
2. 施主の家族構成：夫（35才・技術者）、妻（33才・主婦）、女子（6才）、男子（3才）
3. 施主からの要望：
    3-1：延床面積：-150m^2以内。階数・構造は自由
    3-2：部屋の数や大きさについては、家族構成の変化を考慮すること
    3-3：駐車スペース：2000cc 1台分（車庫の場合でも延床面積に参入しない）
    3-4：その他：計画上の条件設定は担当教員と相談してエスキースを進めること

出題教員コメント
2年生後期に行われる本学における最初の設計課題です。この課題には3つの指導目的があります。1つは空間スケールを意識させること、2つ目は、内部の細かいところに注視しがちな住宅設計を社会性のある提案へ導くこと、そして最後に、想定される生活にあった構造と環境を与えることです。小さな課題においても、トータリティのある計画実践を指導しています。
［遠藤政樹（教授）］

千葉工業大学 工学部 建築都市環境学科 建築設計コース 2年生［課題出題時］
水沢綸志 | Mizusawa Itoshi

浮遊する家
南側に公園があり、東西に延びた敷地には様々な流れがある。季節、空気、時間、人、そんな流れに対して屋根を開き、光を落とし、軒下を設け、余白を与える。屋根に壁面や塀の機能を持たせ、住空間を斜に構えることで近隣住人や庭を明るく照らしてゆく。この家の作る境界は、様々な「流れ」を取り入れ、きっかけを与え、やがて付かず離れずの緩やかな関係を築いてゆく。

指導教員コメント

水沢くんは、大きな屋根に覆われた住宅のひとつの形式を見つけました。そこに様々なモノたちを詰め込み、多様な出来事を誘発しようとしています。大きな屋根は、公園に対してのシンボルです。そこに住まう家族に対しては、プライバシーを守りつつも開かれた生活を提案しています。新しい風の流れは、新しい環境もつくり出しています。住宅を広いコンテクストに位置付け、具体的なかたちあるものとして浮かび上がらせるデザインを評価しました。[**遠藤政樹**（教授）]

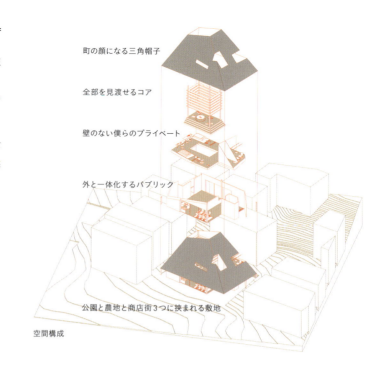

空間構成

1. 地域特性から生まれる3つの流れ　　2. 地域に広がるレイヤー　　3. 町の顔になる三角帽子

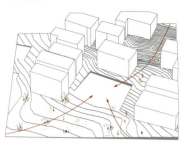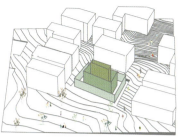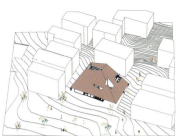

ダイアグラム

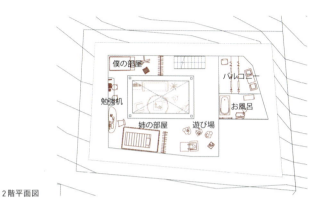

2階平面図

審査員コメント

方形屋根がベースになっていますが、大胆にも頂点部分の四角錐を切り取っています。方形の屋根架構はすごく安定するんですが、それをこのように切り取ると開口の四隅には柱が必要となります。この作品はその柱の存在をプラスに使っている。構造上必然的に出てきた要素をマイナスと捉えず、それによって場をしっかりつくっていて、計画と構造の整合性が取れていると思いました。[小西]

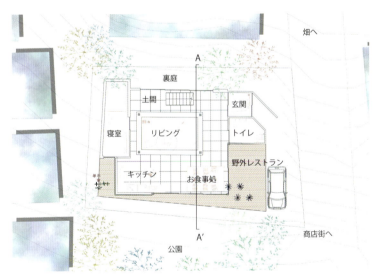

1階平面図 | S=1:300

A-A'断面パース

18 筑波大学 | University of Tsukuba
芸術専門学群｜デザイン専攻｜建築デザイン領域

課題 都心の住宅地に建つコンドミニアム

[3年生｜2017年度｜建築環境デザイン演習1]

出題教員/指導教員：花里俊廣

与えられた敷地に集合住宅を設計しなさい。

条件

1. 敷地は東京都港区西麻布2丁目の別紙に示した敷地である。一辺が約25mのほぼ正方形の平面をしており、東・南・北の3方向が接道している。現状、駐車場となっている部分と家が建っている部分よりなる仮想の敷地である。
2. この辺りの新築マンションの相場は500万円／坪であり、70平米22坪のマンション住戸でも1億円をくだらないので、利用のされ方を想像することは普通の感覚では難しいかもしれない。ただ、空間に関しては、無駄遣いが許されないので、効率的な設計とすることが要求される。
3. 現状法規の遵守を前提とする。この場所の建ぺい率は60％、容積率は160％である。敷地面積を625平米とすると、1000平米分が占有面積として建築可能であり、100平米なら10戸程度計画でき、70平米なら14戸程度計画できるということになる。
4. 共用のサービスや施設を設けても良いが、現実的なものとすること。

出題教員コメント

東京・表参道の交差点を西麻布方面へと向かい、ブティック街を抜けて、根津美術館の脇を下って行くと敷地があります。美術館の敷地の東南の角の区画にほぼ隣接している土地で、平面は約25m角。周辺は戸建住宅が多く、通過交通はあるものの閑静な住宅地と言ってよいでしょう。高さ制限はこの課題の特例として25mまで認めています。3年次の第1課題として、立体的に建築空間を計画できるように学生に考えてもらっています。[**花里俊廣**（教授）]

筑波大学 芸術専門学群 デザイン専攻 建築デザイン領域 3年生［課題出題時］

細坂 桃 | Hososaka Momo

おうちとすきまのらせん

居住者のための住戸である3つのパターンの「おうち」を、らせんのようにずらしながら繋げた9世帯のための集合住宅。おうちとおうちの間には、「すきま」が生まれ、外部の人を引き入れたり、住んでいる人の暮らしの変化に対応したりする"余白"となる。住んでいるうちに「おうち」から「すきま」に生活の様子が滲み出てくるような集合住宅を提案する。

広域配置図

指導教員コメント

ここ数年同じ設問を課している集合住宅の課題ですが、今年はユニークな回答をするものが多くありました。細坂桃さんは、課題への取り組みも早く、終始他の学生をリードしてくれていました。彼女はユニークながらも、二重の螺旋状にスキップさせて空間を並べるというかなり難しい課題に挑戦し、力技でそれをやり遂げてしまったのです。[**花里俊廣(教授)**]

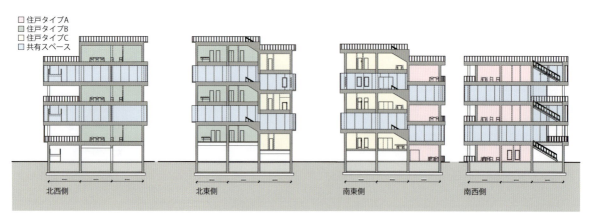

□ 住戸タイプA
□ 住戸タイプB
□ 住戸タイプC
□ 共有スペース

北西側　　北東側　　南東側　　南西側

断面図 | S=1:700

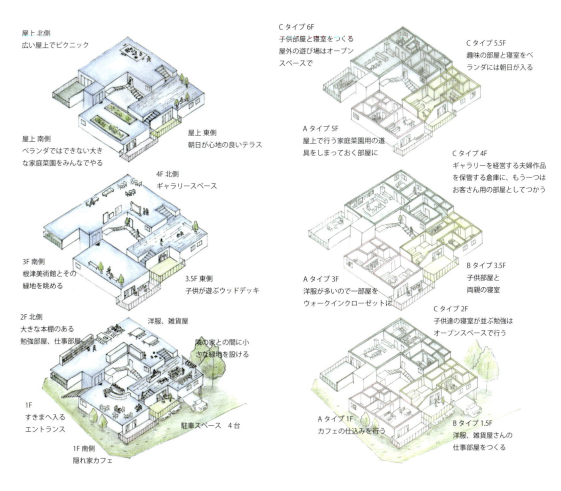

住戸ダイアグラム

共用部ダイアグラム

審査員コメント

正方形の平面を9グリッドに分割し、螺旋状にフロアが上がっていくプランの集合住宅です。共用部を考える時、普通はオープンスペースを1階に固めて設けますが、この作品では住戸とオープンスペースがかみ合いながら巻き上がっていきます。螺旋の形状を活かして建物全体に共用部を散りばめているところに工夫が見られました。まちとの関係にもう少し言及できるともっと良かったです。[中川]

19 東海大学 | Tokai University
工学部 | 建築学科

課題 ヤネのあるイエ・リツメンのないイエ [2年生｜2016年度｜建築デザイン4・第3課題]

出題教員：吉松秀樹　**指導教員**：吉松秀樹、山﨑俊裕、渡邉研司、古見演良、山縣 洋、河内一泰、田島芳竹、白子秀隆、山下貴成、山口紗由

雨や風、暑さ、寒さから逃れるシェルターが、建築の原点である。気候の変化から身を守り、外敵からも身を守る。その答えとして、「建築」は存在している。屋根や壁によって、外部と内部の領域を分けることで、「建築」は成立しているのだ。つまり、「建築を設計する行為」とは「領域を決定する行為」であると言い換えられるだろう。では、その「領域」はどうやって決めるのだろうか？外敵や暑さ寒さから守るという意味で、建築にとって「室内」を作り出すことは重要な「目的」のひとつである。しかし、伝統的な日本家屋では内部と外部は一体として考えられ、建具によって曖昧に、そして可変的に使われていた。だから、日本の現代建築家たちは、内外や上下の「領域」を様々に連続させ、曖昧にしようと腐心してきた。つまり、境界をコントロールする「壁」から考えずに、ヤネの位置や寸法を操作することで、「領域」を作り出すことが出来る。内外をつなぐ建具を開放すれば、庭と建築が一体化した、リツメンのない空間を考えることも出来るだろう。この課題は、通常住宅で使われる寸法を学び、それらの寸法を操作することで、さまざまな「領域」をつくり、内部と外部が溶けあった魅力的な「イエ」を作り出すことを目的とするものである。建築にとって「ヤネ」とは何か？「領域」とは何か？を考えることによって、魅力的な「リツメンのないイエ」を考えて欲しい。

敷地
144m²（12m角の敷地）
接道状況や周辺環境は自由に想定して良い。密集した住宅地でも良いし、自然に囲まれた場所でも良い。但し、周辺環境を十分に表現すること。

設計条件
・魅力的な「境界」と「領域」の関係を持った小住宅であること
・階数：2層以上（階段でつながれていること）
・構造形式：自由
・床面積：70m²程度
・必要諸室：2名で使う住空間であること。
　住宅として成立する機能を満たしていること。(他に依存しない)
・ランドスケープ：敷地内のアプローチ・ランドスケープなどを必ず提案する。

出題教員コメント
西澤文隆が設計した「正面のない家」という名作があります。今思えば、日本建築の近代的解釈ですが、学生時代に知って感動した記憶があります。そんな風に建築をかたちで考えず、常識を疑って欲しいと考えた課題です。これは先生方にも考えて欲しかった。レベルの高い案が多く、課題は学生にも先生にも魅力的でないといけないと実感しました。**吉松秀樹（教授）**

東海大学 工学部 建築学科 2年生 [課題出題時]
窪田帆南 | Kubota Honami

隣の屋根からなる家 ——交わる場——
「立面のない家」から周辺の環境と一体化した住宅を造ろうと考えた。そこで周りに階数の異なる家が建ち並ぶ敷地と仮定し、それぞれの家の屋根の形から成り立つ住宅を造った。形の違う屋根を重ねることで空間ができ、さらに各屋根の柱の本数を変えることで様々な空間を造ることが出来た。また、1階を住人や地域の方が自由に使えるコミュニティの場とし、より周辺との一体化を求めた。

指導教員コメント

屋根という建築のエレメントについて改めて考えさせられる提案です。隣家の屋根がそのまま迫り出し、自分の家の屋根や床になっています。敷地単体での立面の自立性を消失させると同時に、本来、住宅の領域を統合する屋根が周辺環境に対して連続していく風景が興味深いです。また、壁によって領域を仕切るのではなく、屋根の形状、重なり方、スケールの操作によって、内部・外部・半外部の多様な空間が展開しているのが魅力的でした。[**白子秀隆**（非常勤講師）]

天井の高いカフェのテラスをイメージさせるような空間。地域の人々も気軽に利用する。

リビング。延長された屋根を使うことで個性的なリビングができる。

2つの個室を繋ぐテラス。重なる屋根を利用し、テラスでゆっくり寛ぐ。

ダイアグラム

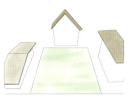

周辺に高さや屋根の形の違う
住宅が並ぶ敷地。

周辺の屋根を敷地まで延長する。

屋根が重なり空間が生まれる。

屋根を支える柱を各空間ごとに
本数を変え配置する。

周辺と一体化しつつ
個性のある空間がうまれる。

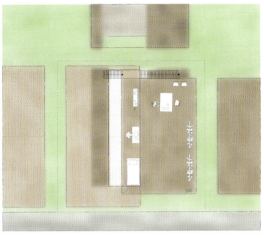

3階の個室とテラス。床は平らだが屋根の角度により個性ある空間ができる。

2階のリビングと個室。屋根が重なり合うことで空間ができる。

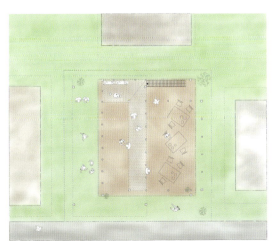

1階は地域の人も利用できるコミュニティの場。

配置図兼平面図 | S=1:300

審査員コメント

模型なのに絵心があり、非常に印象的でした。立面がないという設定なので、柱の粗密や床、最小限の家具などで場をつくるのですが、この案は狭いところ、広いところ、高いところと、様々なバリエーションをきちんと自分で決めてつくっています。ただ、パネルのスケッチは模型写真のトレース写真ではなく、自分で絵を描いて欲しいですね。絵を感じる模型をつくっているので、そういう表現もできるのではないでしょうか。[藤村]

19 ─ 東海大学 ─ 工学部 ─ 建築学科 ─ 窪田帆南 ─ 入選

20 東京大学 | The University of Tokyo
工学部 | 建築学科

課題 **旧公団Ａ団地リノベ計画** ［3年生｜2017年度｜建築設計製図第四・集合住宅課題］

出題教員：大月敏雄　**指導教員**：西出和彦、大月敏雄、松田雄二、佐藤 淳、井本佐保里、青木弘司、海法 圭、能作淳平、萬代基介

背景

旧公団Ａ団地は、昭和39（1964）年度に管理開始された、4−5階建ての中層階段室型住棟43棟から構成される合計1,096戸の集合住宅団地で、全体で約9haの広さを有していた。この時の間取りは2DK（約41m²）と3DK（約46m²）から成り立ち、この後日本住宅公団が主として5階建て住棟を大々的に建設していく前の、昭和30年代型団地の最後期の事例である。

そして2002年、当時昭和30年代団地はすべて建替えるという国の方針に従って、この団地でも建て替え事業が開始され、東西道路以南の街区を戻り入居者用住宅、北側の街区を事業用地とするマスタープランによって、順次建て替えが進んでいる。

この中で、旧27号と40号の2棟の4階建て住棟は、1棟当たり8戸を1セットとする階段室を3つ有する合計24戸を擁しているが、この2棟の建つ街区には街区北寄りに高圧電線が通り、その直下に高層建築物を建てることができない。

以上を踏まえ、本課題では、27号棟と40号棟の建つ街区を敷地とし、少なくともいずれか1棟の躯体を残しながら、ここに、合計60戸の集合住宅を設計し、適宜、地域にとって必要な機能を有する施設や店舗等の提案を行うことを課題としたい。

計画条件

・敷地北側の事業用地には、分譲マンション、特養、認可保育園が建設されている。

・敷地南側の戻り入居用街区には、基本的に、高齢者を主体とした従前居住者が入居する。

・提案を行う60戸の内訳は、「家族用住戸」「単身用住居」「サービス付き高齢者向け住宅」「シェアハウス」「ゲストハウス」「店舗併用住戸」など、どのような形態でもよいが、賃貸住宅とする。周辺地域のニーズに即したもの、もしくは、町を盛り上げていくような役割を発揮するものであってほしい。

・住宅以外の施設や店舗等については自由に考えてよいが、住宅と同様、周辺地域のニーズに即したもの、もしくは、町を盛り上げていくような役割を発揮するものであってほしい。ただし、住宅地にふさわしい用途とする必要がある。もちろん住民の集会所等も必要となろう。

　　各自、丁寧なリサーチにもとづいて、必要施設の提案を行うこと

　　少なくとも以下については設けること

　　・集会所：100m²以上（必ずしも1箇所にまとめなくてもよい）

　　・店舗：6軒以上（各戸40m²以上）

・街区の周辺環境をよく観察し、安全で快適、かつ周辺の住環境の向上を考慮した外構計画としたい。

・高圧線は、中心線より左右10mずつの幅20mの帯状のエリアについては、建物の高さを10m以内とする。

・駐車場40台分（シェアカー等を提案する場合は適宜減らしてよい）

・駐輪場80台分（シェアサイクル等を提案する場合は適宜減らしてよい）

・ゴミ捨て場（適宜、ゴミ出し動線に配慮する）

出題教員コメント

昭和39年から住みはじめられた都内の大規模UR賃貸団地の建て替え事業の最終街区に2棟残る、RC4階建て集合住宅を対象に、1棟をリノベーション、もう1棟を建て替える課題です。敷地内に立つ高圧線の鉄塔という悪条件の中で、街区全体を用いて、地域全体の持続にとって必要な機能を、いかにこのプロジェクトで提案するかということが求められました。また、周辺の下町エリアと自然と馴染む風景の提案が期待されました。［**大月敏雄（教授）**］

東京大学｜工学部｜建築学科｜福田暁子　入選

東京大学 工学部 建築学科 3年生 [課題出題時]

福田曉子 | Fukuda Akiko

あふれ出す六畳

集合住宅における個人の専有面積を小さくし、共用部を広くする。専有面積の単位に、団地の躯体の構成単位である6畳を採用。これを反復、過剰に増築し全体を形作る。一棟はリノベーション、南面を増築し個室や屋外空間を作る。新築の棟では6畳のキューブを持ち寄り、その隙間を共用部で繋ぐ。6畳を単位とすることで住戸の多様な形態を実現する。ポーラスな集合住宅が、生活を街に開く。

指導教員コメント

敷地全体をのびやかに使いながら、新旧棟をうまく融合するデザイン処理がほどこされています。基本となるのは、リノベーション棟のバルコニー部分を、6畳を基本単位とする連続するユニットに置き換えるというアイデアで、これが多孔質な風景をつくり出し、新築の建物にも適用しています。さらに、住棟の中層階に集会所や店舗を設けるなど、この近傍にはなかった新たな住まい力の拠点を提供できている点も評価されました。

[大月敏雄（教授）]

新築棟　　　　　　　　　　リノベーション棟

新築長手断面図

Renovation

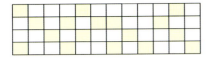

南面に溢れ出した6畳ブロックは、互いが繋がりあい、
GLまで到達することで耐震性を確保する。
各ブロックは東西・南北方向にブレースが入っている。

New Construction

新築では、6畳ブロックが立体的に
繋がってGLまで到達する、
既存の立体版となる。

ダイアグラム

リノベーション例　2階平面図

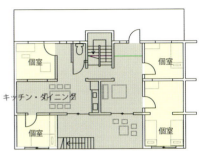

リノベーション例　1階平面図 | S=1:300

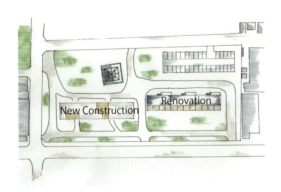

配置図 | S=1:1500

審査員コメント

6畳をひとつの単位としてつくっていますが、どういった広さを6畳というスケールで捉えているかがもう少し見えれば、6畳という広さへの意識がもっと伝わると思いました。グリッドを縦に抜いたり、気持ち良さそうな空間が共用部にできているのはすごく良いです。6畳の仕切りを、古民家の襖のように開くと解放的になる建具にするなど、内部空間を工夫できればもっと良くなると思います。[前田]

20　東京大学　工学部　建築学科　福田暁子

入選

21 東京家政学院大学 | Tokyo Kasei Gakuin University
現代生活学部 | 生活デザイン学科

課題 **シェアハウス／○○が集まって棲む家**

[3年生｜2017年度｜建築デザイン演習A・第2課題]
出題教員：瀬川康秀　**指導教員**：原口秀昭、瀬川康秀、前鶴謙二

○○は各自で設定する。デザイナー、芸術家、起業家など、具体的に棲む人達を決めて、血縁関係のない他人同士が都心で共同生活する集合住宅／シェアハウスを提案する。従来のファミリータイプやワンルームなどのマンションではなく、リビング、キッチン、水廻りなどの共有スペースと各居住者の個室で構成する。住まい手を特定することで、新しい共同生活のライフスタイル、空間デザインを考えるのがテーマである。

設計条件

1. 敷地
　・所在地：港区南青山3丁目
　・敷地面積：196m^2
　・用途地域：第2種中高層住居専用地域 準防火地域
　・容積率：300%
　・建ぺい率：70%（角地緩和適用）
2. 規模・構造
　・建築面積は137.20m^2以内、延べ床面積は588.00m^2以内とする。
　・建物の階数は3階以下とし、地下を設ける場合は1階までとする。
　・構造はRC造とする（一部鉄骨造可）。
3. その他
　・共用空間、個室の形式、収容人数などは各自の設定に応じて決める。
　・エレベーターは適宜設ける。
　・駐車スペースは設けなくてよい（敷地外にあると想定）。
　・駐輪スペースを設ける（0.6m×2.0m/1台で居住者数の1/2以上とする）。
　・ゴミ置場を道路に面して1カ所設ける（1m^2程度）。

出題教員コメント

3年生の春期後半の設計課題です。家族や血縁に関わらないで、○○─同じ趣味や目的を持った人が集まり、都心で共同生活するシェアハウスを提案する課題です。敷地は表参道近辺を想定していますが、敷地以外の設計条件は学生各自で想定します。学生には空間のデザイン力に加えて、発想力と企画力が求められます。課題を通してこれからの集合住宅のスタイル、空間デザインの可能性を考えることがテーマです。[瀬川康秀（非常勤講師）]

東京家政学院大学 現代生活学部 生活デザイン学科 3年生［課題出題時］
渡邊 泉 | Watanabe Izumi

sippo

ファッションデザイナーが集う家として、「七宝模様」を平面構成に取り入れたシェアハウスである。青山（東京都港区）という指定された立地条件から、お洒落・ファッション・風潮・流行り・時流 を連想し、この形に辿りついた。自分でデザインした服を展示でき、共有できるスペースを設けている。

指導教員コメント

「〇〇が集まって棲む家」という課題で、ファッションデザイナーが集まるシェアハウスを提案しています。敷地は青山の住宅街の角地です。3mのキューブをダブルグリッド状に配置し、レベル差も付け、各キューブを独立させています。道路側のキューブは展示空間、反対側は個室空間としています。七宝模様から発想したキューブ群の造形に、展示と生活のプログラムを巧みに配した設計となっています。[原口秀昭（教授）]

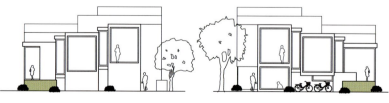

北側立面図｜S=1:350　　　南側立面図

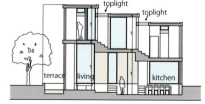

A-A'断面図｜S=1:350

 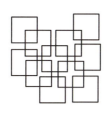 

丸を四角に　　　グリッドを組む

ダイアグラム

 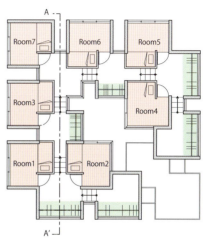

1階平面図 | S=1:500　　　2階平面図

審査員コメント

シェアハウスは付かず離れずの距離感がポイントだと思うのですが、この案はそれをダイレクトに形に反映していました。屋根は噛み合いながらつながりをもっていますし、床も段差を付けてつなげていますので、付かず離れずの距離感を上手く表現できています。構造的にも付かず離れずの連結ですが、全体としては安定する架構となっています。［小西］

東京家政学院大学　現代生活学部　生活デザイン学科　渡邊 泉　入選

22 東京藝術大学 | Tokyo University of the Arts
美術学部 | 建築科

課題 住宅Ⅰ ［2年生｜2016年度｜2年前期・住宅Ⅰ］
出題教員：藤村龍至　**指導教員**：藤村龍至、八島正年、市川竜吾

敷地は神奈川県三浦郡葉山町の311m²（約94坪）の住宅地である。南と西側を道路に接した高台の角地で、道路面とは最高で4mの高低差がある。
現在は畑として使用されているが、以前から折にふれて地域の住民が集まり、ここで花見や餅つきなどが催されていた。住宅を建てることによって集いの場が失われることのないようにしたいと、建主は考えている。
夫婦二人が暮らしながら、地域の寄り合いの場としても機能する住まいを設計してほしい。

敷地概要
計画地住所：神奈川県三浦郡葉山町長柄
面積：311m²（約94坪）　※道路後退後面積
用途地域：第一種低層住居専用地域
建蔽率：50%
容積率：100%
高さ制限：道路斜線1.25L（適用距離20m）絶対高さ10m
外壁の後退距離：1m

補足事項
※家族構成は40代夫婦。夫は映像エンジニアであり、春から秋までイベントで各地を回るため、不定期な数日間の出張がある。逆に冬の間はイベントが少ないため在宅する日が多い。妻は整体師で、自宅に小さな整体スペースを作りたいと考えている。夫の休日と妻の勤務日が重なることに考慮して、計画をすること。
※床面積は100m²未満とする。
※駐車場3台（1台は来客用）のスペースを確保すること。

出題教員コメント
「平らな敷地に建つ家型の2階建て住宅」を郊外住宅のひとつの典型とすると、この作品はまず平面で輪郭をカーブさせて道を引き込み、断面で屋根をずらして朝日を取り込み、そしてGLを造成された地盤面ではなく崖下の道路面に設定して、というようにいくつかの水準で郊外住宅が慣習的に持ってしまいがちな構築性を崩そうとしている。立面とハイサイドライトの詳細においてやや想像力が不足している点が今後の課題だが、手法において充実している。
［藤村龍至（准教授）］

東京藝術大学 美術学部 建築科 2年生［課題出題時］

上林修司 | Kanbayashi Syuji

擁壁の上の住宅
敷地は神奈川県三浦郡葉山町の住宅街。山々に囲まれた高低差の激しい敷地周辺は高い擁壁の上に家々が立ち並び、当敷地も4mの高低差がある擁壁の上に存在していた。この住宅は施主の要望より接骨院としてまた地域の寄り合いの場としても機能することが求められ、一般的な個人住宅より街に開いた立ち方が必要であった。そこで街と擁壁の敷地を紡いでいく、そんな住宅のあり方を模索した。

配置図

指導教員コメント

一見すると道路と高低差のある敷地に大胆に埋め込まれた住宅という印象も感じますが、建物の基準階レベルを道路面に低く揃えることで、近隣との感覚的な距離感を縮めると同時に、建物自体の見かけ上のボリュームを抑えており、風景に馴染むものとなっています。建物内部は上層から光を導く吹き抜けが全体をつなぎ、緩やかなカーブを持つ平面と合わせて、いくつもの変化のある居場所をつくり出しています。外構の提案に関しては若干積極性に欠けるところもありますが、特に地域との関係性において魅力的な住宅に仕上がっていると思います。［八島正年（非常勤講師）］

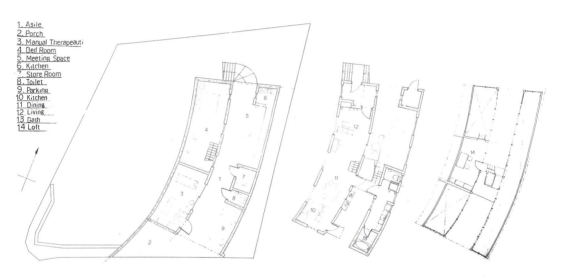

地下1階平面図　　1階平面図　　2階平面図

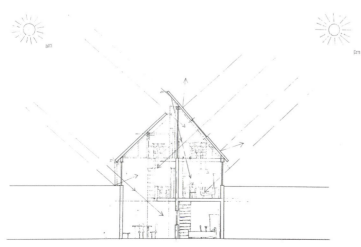

A-A'断面図

審査員コメント

葉山の高低差のある敷地で、前面道路から4m上がったところに整骨院兼住宅をつくるという課題です。そこはもともと寄り合い所だったり畑だったりと、近所の人が集まってくる場所だったということで、4mの高低差をいかにしてまちに解放しながらつなぐかということが主題になっている提案です。家というよりは道の設計のような感じがあり、そこに面白さを感じました。［中川］

23 東京電機大学 | Tokyo Denki University
未来科学部 | 建築学科

課題 集合住宅の設計 ［2年生｜2016年度｜設計・パフォーマンスⅣ・第1課題］
出題教員：山田あすか　指導教員：中山 薫

東京都内の敷地に30戸程度の集合住宅を設計する。都市環境の中で、人々が【ともに住まう】ためにどのような空間がふさわしいか、また必要とされる機能や性能は何か。周辺環境との関係を捉えながら、「住居」と「住居の集合」をデザインし、快適で魅力ある住空間を提案して欲しい。

敷地条件
・所在地：港区北青山3丁目（都営青山北町アパート敷地の一角）
・敷地面積：約1,600m²（＋10%程度まで）
・敷地形状：敷地周辺の高低差は各自現地目測による。

法的条件
・用途地域など：第1種住居地域とする（実際は第1種中高層住居専用地域）、高度地区指定なし。
・建ぺい率：60%とする
・容積率：最大200%とする（実際は300%）
・日影規制：なしとするが、グループ内では互いに配慮すること。
・スタジオ内でグループ（3人）に分かれる。
・グループごとに話し合い、グループ敷地をコモンスペース（共有庭）と3つの個人敷地に分割して
　設計する。
・コモンスペースはどの個人敷地にも接するように、グループ敷地を分割すること。
　また、個人敷地は原則として周囲の道路からの直接の出入りが可能であるように計画すること。
　不可能である場合、コモンスペースを通過する必要性をなるべく低くする。
　また、他者の敷地を通ってアプローチすることはできない。

設計条件
・規模：延床面積（住戸面積）2,000m²程度、住戸数30戸程度（±10%）
　住戸タイプ（面積、室数など）は3種類以上あることが望ましい。
　廊下などの共用部分は延床面積に含まない。
・構造：鉄筋コンクリート造
・階数：3階以上。原則として地階は設けない。
・駐車場：各個人敷地に5台（うち1台以上は身障者用）
・駐輪場：住戸数の2倍以上の台数を確保。個人敷地内に限らず、
　グループ敷地内に設ければよいものとするが、利便性に配慮すること。
・共有施設：居住者のコミュニティ形成に寄与するスペース。設置場所は屋内外を問わない。
　また内容は適宜提案してよいが、各個人敷地内に少なくとも一部が配置されていること。
・設備など：エレベーターを1基以上設ける。エレベーターのサイズは住戸配置などにより選択して良い。
　ただし小型の場合はトランク付とし大きな荷の搬送が必要に応じて可能となるよう配慮すること。
　ゴミ置き場、設備機械室を設ける。これら設備には、ゴミ収集車・資源収集車の周回やメンテナンスが
　付帯的に発生することに留意する。
・その他法規制は遵守する。
・グループ敷地の一部はコモンスペースとして設計する
　（第2課題：ランドスケープデザインの敷地となる）。
・分割した個人敷地はそれぞれ，コモンスペースに接すること。
・グループごとにエスキスを受け、敷地全体としての整合性がとれるよう努力すること
　（最終的にはスタジオ担当の教員の判断にゆだねる）。
・スタジオ内の他のグループのエスキスも聞き、参考とすること。

出題教員コメント

6000m²超の敷地に3人の設計者が共同で3つの分割敷地とコモンスペースを配置計画し、各敷地に各々が30戸程度の集合住宅を設計する課題です。おおむね3－5階のボリュームとなり、周辺の都市環境の関わり、複数住棟間の関係、コモンスペース、自身の敷地の外構、住棟、住戸の計画と大小のスケールを縦断してトータルにデザインすることが求められます。住生活とそれを支える環境の重層性と、そのなかでの生活の豊かさをじっくりと考えてもらいたいと期待しています。[**山田あすか（准教授）**]

東京電機大学 未来科学部 建築学科 2年生［課題出題時］

齋藤美優 | Saito Miyu

Matricaria

集合住宅・ランドスケープ共に「遊ぶ」「学ぶ」「集う」「育む」をベースに考え、それぞれの場を設ける。集合住宅内は、『第二の保育園』をコンセプトとし、子ども同士やおじいちゃんおばあちゃんと遊んだり学んだりする場を設計した。ランドスケープはそれぞれの季節の実や花と触れ合い、植物を育てながら、子どもたちが育ち、大人も学ぶことができるような計画となっている。

指導教員コメント

複雑な建物形状の平面計画は煩雑になりがちですが、自身が選んだ敷地に対し周囲のコンテクストを読込み、住空間/住空間へ還元させるプロセスを何度も重ね、見事に内外部の関係を破綻なく解いている計画です。また、共用廊下に特徴があり「ただの通路」とせず巧みに住民が積極的に活用している様子が想像できる空間となっています。この複雑な形状を余すことなく上手に使いこなし、「ここに住むことが楽しくなる」秀逸作品です。[**中山 薫**（非常勤講師）]

審査員コメント

結構なボリュームの床面積をきちんと設計した集合住宅です。プランの中の長方形が様々な角度で接してくるところで、隅の部分に設計しないで余っているところが意外と多い。もう少しその辺りが使いこなせているとより良かったと思います。共用空間を色々な場所に組み込み、それがバリエーションを持って、ストーリーのある全体像ができているところは非常に良いと思いました。[**藤村**]

断面図 | S=1:500

～ Matricaria 🌼 ～

マトリカリアの花言葉
楽しむ心 → 遊ぶ・学ぶ　集う喜び → 集う　深い愛情 → 育む
が溢れる集合住宅

敷地目の前にある保育園
保育園のあとに園児は遊びの広場を使用して
友達と，地域の方々と素敵な時間を過ごす

観光客の利用が多い小さなお店が
並ぶ通りに近いオープンスペースは
近所の人だけでなく観光客も利用できる
休憩スペースとする

交通量の多い青山通りから一本入った
敷地周辺は静かで地元の人が多く通る

配置計画
5つの長方形をさまざまな角度で組み合わせる。
遊びの広場側は外部に向かって開いた配置にし，外で遊んでいる子供
たちを住戸の中から見守り，居住者専用コモンスペースに向かっては，
向きを集中させることで住棟全体で子供たちを見守る配置計画とする。

休みの日窓の外を見ると畑で野菜を育てている
のを見て，外に出て同じ集合住宅の住人と一緒
に野菜を育てる。一人暮らしだけど独りではない
暮らし。

4階の廊下には3種類の遊び場を設け，子供同士
や親子一緒に過ごす壁に大きく描かれた絵は子
供たちの成長をすぐに感じられる。

子供向けの本を揃えたキッズライブラリーは子
供同士の交流を深めたり，新しい知識を得る場と
なる。

2階の吹抜け前にのスタディスペースは1人で学
習したり，勉強を教える・教わる空間。

24 東京都市大学 | Tokyo City University
工学部｜建築学科

課題 **畳のある集合住宅** ［2年生｜2016年度後期｜設計（2）］

出題教員：手塚貴晴、柏木穂波、栗田祥弘、冨川浩史、松井 亮　**指導教員**：手塚貴晴

日本の家のイメージには畳がつきものである。日本の代表的子供向けアニメーションであるドラえもんやサザエさんに登場する家には必ず畳が敷かれている。畳が建築の主要エレメントとして定着したのは江戸時代であると言われている。それまでは畳はマットレスに過ぎず、ベッドやソファーのように家具として取り扱われていた。よってそれまでの日本の館の基本は板敷である。畳が普及し次第に床一面に敷き詰められるに至って、日本建築は変わった。どこでも座れてどこでも寝られる極めてユニバーサルなプランの登場である。これは極めて不思議な現象で、建物そのものが家具に化けてしまったと考えてよい。いわば建物という大きなベッドの上で日本人は暮らすようになったのである。結果としてその上に置く家具は畳を痛めないように俄然軽微なデザインに進化を遂げた。椅子を置くと床が痛むから椅子は発達しなかった。よって日本では正座という痛みを伴う極めて独特な姿勢が日常に織り込まれるに至った。建築は畳に合わせてモジュールで語られるようになった。部屋の広さを6畳或いは8畳といった畳で表現される単位で納得できるのは日本人だけである。日本人は知らず知らずのうちに畳の持つ三尺六尺という寸法感覚を織り込まれて育つのである。日本人は靴を脱いで暮らす。室内でスリッパを履いている家庭もあるが、畳の上に上がるときにはスリッパを脱ぐ。畳は決して履物で載ってはいけない聖域なのである。昨今その畳が文化遺産になりつつある。都会のマンションには畳のない間取りが増えつつある。その傾向は高額なマンションになるほど顕著である。それとともに沓脱場が明確でない住宅も現れ始めた。これを日本文化の危機と捉える。

今回諸君には畳のある集合住宅を設計してもらいたい。しかし、だからと言って高度成長期LDKの公団住宅を設計してもらっては困る。高度成長期の公団住宅のLDK型プランは長屋の延長でしかなく、畳の持つ便利な汎用性が時代のささやかなニーズに合致したにすぎない。諸君には現代に至るまで実現し得なかった、豊かで現代的な畳の導く未来像を描き出してもらいたいのである。この課題は多種多様な論点を含んでいる。例えば畳の上の家具は絨毯や床板の上の家具とは違うはずである。窓も違うはずである。生活する人々の目線の高さも違う。そもそも靴はどこで脱ぐのか。玄関は必要なのか。

集合住宅は海外から日本文化を学びに来た家族の為の家である。4人家族×4組とカップル×2組の為の家を用意してもらいたい。それぞれの家には一つずつテーマを設けて欲しい。例えば茶道をテーマとした家があっても良いし、和食をテーマとした家があっても良い。よって同じ家が並ぶということはあり得ない。ここは心してもらいたい。

出題教員コメント

畳のある空間についての課題です。ただ畳を敷いて襖があるという様式ではなく、畳がなぜ日本という風土に馴染み、その住宅空間に影響を及ぼして来たのかという根源的な問いを投げかけました。よって畳をただ敷つめても回答にはならず、むしろ畳の存在無くし、その文化的、あるいは社会的存在意義についての論説を求めています。畳は単なる仕上げ材ではありません。畳があるだけで家具というものがほとんど必要無くなるのです。ベッドも椅子も和室に無いのは畳があるが故です。結果として目線の高さも変わり、窓のあり方も影響を受けます。かなり難しい課題ですがこの年の学生は優秀で、一つを選ぶことが非常に困難でした。

［**手塚貴晴**（教授）］

東京都市大学 工学部
建築学科 2年生［課題出題時］
工藤浩平 | Kudo Kohei

前田賞

居心地を畳む

人の居心地は千差万別であり、時に移ろうものである。行動或いは感情、環境によりそれは揺らぎ、極めて茫漠たる気持ちである。しかし、現代のLDK型プランはそれに柔軟ではない。そこで、惹かれたものが畳である。畳から生じる、身の丈寸法間隔と可変性によって、住民の居心地と時代の流れに適切な賃貸住宅が畳まれ続ける。

指導教員コメント

「畳は日本の借り物文化より発展したのではないか」という優れた歴史的考証に基づく作品です。畳はもともと仕上げ材ではなくマットであったという事をしっかり思い出させてくれると共に、それが建築の主要エレメントに至るまで如何に進化したかという事が事細かに説明されていました。更に、借り物というテーマは畳という部材を超え、床や壁に至るまで発展させ丁寧に検討し尽くしています。構造としても極めて優れた理解が含まれています。きちんと木造の力学が金物を使わずに解けています。2年生としては出色の出来だと言えるでしょう。今後の課題として論理構築の完成度を超えた予想外の回答を創造することが出来るかという点が残されています。今後の伸びが期待できる学生です。［**手塚貴晴**（教授）］

審査員コメント

熱量あふれる模型に加え、パネルも印象的で興味をそそられました。施主と建築家の齟齬というところから、建主がセルフビルド的に、時間とともに気持ち良い場所の変化を感じながら住みこなすという案です。年々上に増築していく中で、住まいの空間にどういった変化が広がっていくのか、最初から構造的にはある程度のボリュームが決まっているのかなど、もっと聞いてみたいと思った興味深い作品です。[前田]

24 ― 東京都市大学 ― 工学部 ― 建築学科 ― 工藤浩平

前田賞

展示パネルデータより抜粋（上下2点）

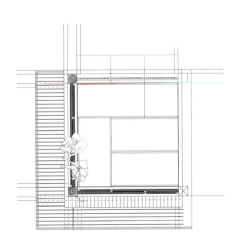

部分平面図 | S=1:150

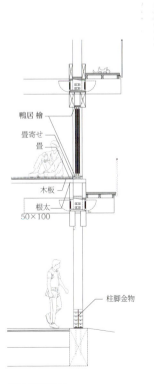

部分断面詳細図 | S=1:150

25 東京理科大学 | Tokyo University of Science
工学部｜建築学科

課題 根津に住む ［2年生｜2017年度｜設計製図1・第2課題］

出題教員：石橋敦之、薩田英男、船木幸子、細谷 仁、峯田 建、熊谷亮平、岩澤浩一
指導教員：熊谷亮平

根津の一角に、まちとの関わりが生まれる住空間を提案する。多様な価値観やライフスタイルが存在する現代において、住人相互あるいは人間と環境の関係を豊かにし、住む事の楽しさを生みだす空間であることが望まれる。

計画要件
1. 対象エリア内に3カ所の候補地を挙げる。各自1つを選択し設計対象敷地とする。
2. 地上10m、地下2mまでを建築可能範囲とする。
3. 隣地境界線から500mm以上セットバックした範囲を建築可能とする。
4. 住人は多世代で4人以上を具体的に設定する。
5. 光と風の取り入れ方を工夫した空間とする。

出題教員コメント

木造住宅地である根津はその歴史、文化、ヒューマンスケールの魅力を残しながら、近年は街に開いた新しい住宅や店舗、スペースも生まれてきています。このエリアの中に特徴の異なる3つの敷地を設定し、学生が1つを選択して住宅をつくる課題です。街に対する関わりの持ち方、周囲の街並みや歴史性への配慮、光や風の取り入れ方、核家族にとらわれない多世代の複数人が住む新しい根津の住まいを考えてもらう課題です。［**熊谷亮平（准教授）**］

▶ 課題出題教員インタビュー p.240

東京理科大学 工学部 建築学科 2年生［課題出題時］

髙橋和佳奈 | Takahashi Wakana

家外家

根津の角地に建つ二世帯住宅。地域の輪を広げるため、まずは子供同士の繋がりを大切にしたい。住人である子供と近所に住む子供が一緒に遊び、その様子を祖父母が見守るような暮らしを提案する。この住宅の特徴は一階と二階の間に設けた、床に傾斜を持つ外部空間である。床を斜めに差し込んだことで奥に進むほど天井が低くなり、偶発的に大人の立ち入れない子供のための空間が生まれた。

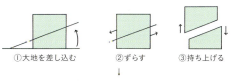

①大地を差し込む ②ずらす ③持ち上げる

天井高の変化により空間が伸縮する

コンセプト｜家の中に外部を取り込む

指導教員コメント

髙橋さんの案の特徴は、根津の街に対する開き方として近隣の子供の集まる空間を設定し、それを建物の中間層に外部空間として挿入している点にあります。全体として街のスケールに合った幾何学的な構成、内部空間も斜めの床に起因する床高や天井高の違いなどを利用し、スキップフロアにより分節された空間が展開しています。明快なコンセプトとユニークな形態、街への関わりの魅力から総合的に高い評価を受けました。

[熊谷亮平（准教授）]

A-A'断面図 | S=1:150

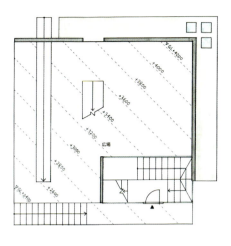

中2階平面図

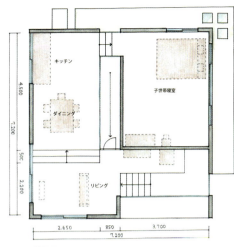

2階平面図

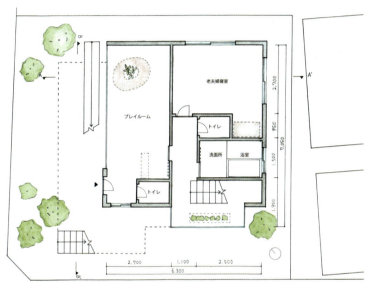

1階平面図 | S=1:150

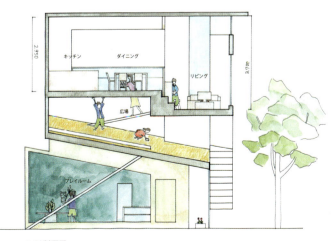

B-B'断面図

審査員コメント

簡単な操作ですごく非日常的な効果が出ているところに好感を持ちました。2階の床が斜めになっていますが、これが真っ直ぐだとただの3階建ての住宅で、極めて普通です。床を斜めにするという簡単な操作で、上下階とのつながりも、人の居場所も変わってきている。通常、床を斜めにするというニーズはないので実際にやることは少ないですが、構造上は床が真っ直ぐでも斜めでも力学的に大差はないんです。[小西]

26 東京理科大学 | Tokyo University of Science
工学部第二部 | 建築学科

課題 金町の住宅　[2年生｜2016年度前期｜設計製図1A・第3課題]
出題教員：栢木まどか、今村水紀、木島千嘉、新堀 学、長谷川祥久、蜂屋景二、三戸 淳、常山未央
指導教員：三戸 淳

金町駅南側、末広商店街沿いの敷地に3世代のための住宅を設計してほしい。祖母はもともと当敷地内でお好み焼き屋を営んでおり、母もそこで育った。家族を持ち、上の子どもが小学校に上がるのを機に実家に隣接する土地を購入し、住宅を建てる。祖母の生活を尊重しながら、家族の新たな生活を支える住宅を提案してほしい。商店街という環境を積極的に捉え、人を招く空間を住宅の中に取り込むこと。

机、椅子、便器、キッチンカウンター、浴槽、収納等身の回りの諸機能を把握した上で、住宅の平面、断面寸法を検討し、習得するのが課題のねらいである。

家族構成
・祖母と両親、子ども2人の5人家族
・祖母：お好み焼き屋は引退
・両親：共働き
・子ども：小学校1年生、保育園年少

計画条件
・敷地面積：200㎡
・延床面積：150㎡程度
・建蔽率：80%
・自転車置き場：4台
・最大で3層までとする
・容積率：300%（最大で3層までとする）
・用途地域：近隣商業地域
・高度地区：第3種高度地区
・防火地域：準防火地域

出題教員コメント

敷地の向かいの銭湯は夕暮れ時から自転車でやってくる近所の人で溢れ、商店街に賑わいを生んでいます。店空間の並ぶ商店街や趣ある銭湯前の場所性を捉え、まちと住空間の関わり方を考える。ライフスタイルの異なる三世代の心地よい共同生活の形を模索し、住空間のあり方を問い直す。これらの作業を通して、物的環境のみならず、都市のもつ時間軸や建築が過ごす時間に対する視点を獲得して欲しいと思っています。[**常山未央**（助教）]

東京理科大学 工学部第二部 建築学科 2年生［課題出題時］

藤井和馬 ｜ Fujii Kazuma

土間と屋根が繋ぐ家

「適度な距離感」それは現代住宅が外の社会に開いていく為の重要な問題だと思う。商店街の中に建ち三世代が住むこの家は、切り返した大屋根が生む半公共空間と外から家の奥まで突き抜ける土間が商店街の社会性、賑やかさを家の中に引き込む。しかし家の中まで伸びた土間の路地によって部屋は島状に独立、無意識的な境界をつくり引き込んだ外と内、また各世代間に適度な距離感を生み出す。

指導教員コメント

敷地に面する二本の道路を路地状の土間空間によってゆるやかにつなぐことで、周辺環境を住宅内へと引き込むことを意図しています。賑やかな商店街の北側道路と静かな行き止まりの南側道路に対して、縁側のような人の居場所が魅力的なスケールで計画されており、世代間の多様な交流が想像できます。シンプルな大屋根に覆われた開放的な一体空間ですが、大袈裟ではない街へのひらきかたを提示する秀逸な作品です。

[**三戸 淳（非常勤講師）**]

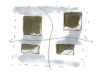
路地によって
部屋が分断され島状に。

ダイアグラム

土間が仕切りとなり、
部屋の淵が縁側のような場に。

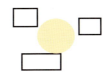
それぞれの部屋は離れのように
位置することで、同じ建物内でも
3世代が適度な距離間で暮らせる。

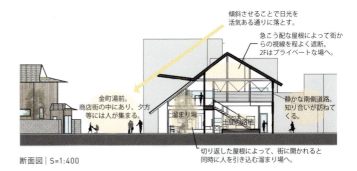

断面図 | S=1:400

審査員コメント

金町という凄く魅力的なまちの商店街に面した敷地で、前面道路の向こうに銭湯があり、道にはみ出して留まっている銭湯のお客さんを住宅と関係づけていくという案です。裏手側にも道路があり、2面の接道を生かすために家の中に通り土間を設け、少し開きながら暮らしていくという計画です。通り土間で外を引き込みつつ、屋根勾配の操作によって開かれた場所と閉じた場所を操作していく。敷地の魅力にリアクションする建築をつくろうという姿勢に好感を持ちました。

［中川］

2階平面図

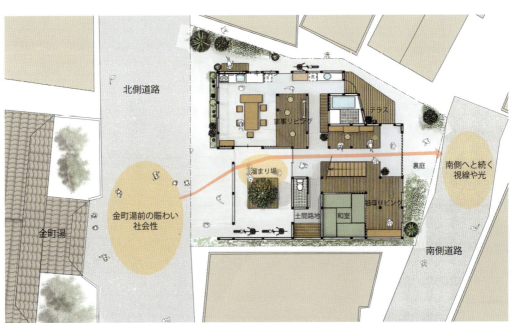

配置図兼1階平面図 | S=1:250

27 東京理科大学 | Tokyo University of Science
理工学部 | 建築学科

| 課題 | **都市にたつ戸建て住宅** ［2年生｜2017年度｜設計製図I・第2課題］

出題教員：垣野義典　指導教員：森 清敏

都市部には高密度に住宅が建ち並ぶエリアがあります。近年建てられた住宅は、それぞれ相互に関心がなく関連性もないように見えます。各敷地面積はそれほど大きくなく、延床面積も限られ、場合によっては窓から太陽光を望めないこともあります。

しかし、このように肩を寄せ合うように高密に集まっているからこそ、都市の日常生活が特徴ある風景へと変換され、どこにでもあるような、どこにも無い不思議な様態を生み出しているとも見えます。

この課題では、都市の高密に住宅が建ち並ぶ敷地において、どのように街と関係を結びながら生活を営むかを思考し、「都市にたつ戸建て住宅」を設計してください。

敷地
所在地：東京都台東区谷中3丁目（hanareというゲストハウスが建っています）
用途地域：第一種住居地域

与条件
・依頼主：4人家族…夫、妻、女の子（中学3年）、男の子（小学5年）
・敷地面積：92m^2
・延べ床面積：100－150m^2（許容容積率：300%）
・建坪率：60%
・構造：自由
・階数：自由
・用途地域：第一種住居地域

出題教員コメント
都市部の住宅が建ち並ぶエリアでは、肩を寄せ合うように高密度に集まっているからこそ、日常生活が特徴ある風景へと変換され、どこにでもあるようで、どこにも無い不思議な様態を生み出しているとも見えます。この課題では、都市の高密に住宅が建ち並ぶ敷地において、どのように街と関係を結びながら生活を営むかを思考し、「都市にたつ戸建て住宅」を設計することをテーマとしました。［垣野義典（准教授）］

東京理科大学 理工学部 建築学科 2年生［課題出題時］

奥村夢大 | Okumura Yuta

GRID×TWIST
豊かな住宅はどのような姿なのかをその根本から考え直した。住宅における生活の単位を維持したまま平面を操作することで内部に複雑に外部環境を取り込み多様な生活環境を生み出した。操作は基本的なグリッドを設定すること、そしてそれを段階的に振っていくという2つの操作のみである。過密な都市ならではの様々な要素がこの建築を通過し外部に対しても豊かな環境をもたらすだろう。

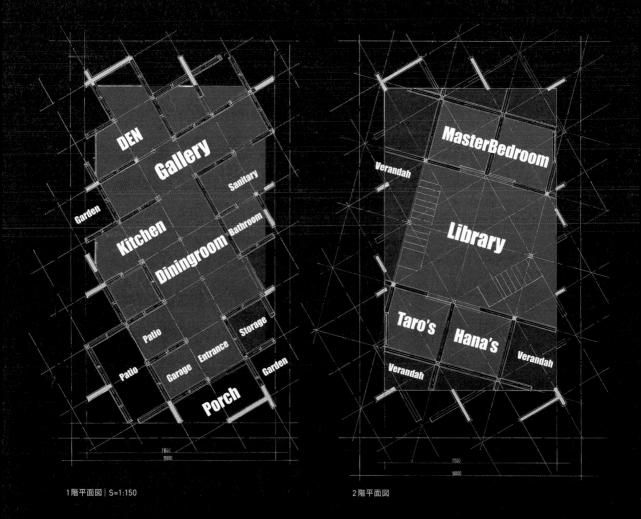

1階平面図 | S=1:150

2階平面図

コンセプト

1. 都市住宅は最大容積を内部に囲い取るために道に対して大きな壁面を向けているその結果内部には均質な区間が生まれている。

2. 壁面、ガラス面といった内・外の境目に注目しその位置をブレさせることで内部に外部環境を複雑に取り込もうと試みた。

3. 建築の内部には外部の環境が複雑に入り込み不均質な空間となった。つまり街との複雑な距離感のある場が様々な箇所に生まれた。

ダイアグラム

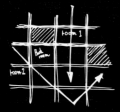

1. 建物の内部と外部の境界を定めていくためにグリッドを用いる。敷地に対して一間(=1820mm)のグリッドを設定しそれを配置していく。

2. 敷地に対して振ったグリッドはそれぞれが外に向けて様々な開き方をする。適当な大きさである30°を基準となる振り幅として1階を固定した。

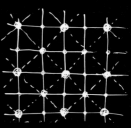

3. 同一グリッド上で基準を45°ずつ振ることで、グリッドの間隔を操作する。間隔が√2倍の大きさとなり、開き方の操作となった。

3階平面図

展示パネルデータより抜粋

指導教員コメント

戸建て住宅において道路レベルに近いほど街とのつながりが強くなる一方、下階ほどプライバシーと採光の確保が難しく、高密度になるほどそれが顕著となります。この住宅では床が上下階を断絶してその特徴を顕在化させ、3層を貫く柱はグリット（下階ほど小さく、各階軸が振れている）上にあって、そのグリットに沿った密度の異なる耐震壁が魅力的な居場所をあちらこちらにつくっています。明快かつ合理的な構成が秀逸な作品です。［森 清敏（非常勤講師）］

審査員コメント

木造のモジュールを使い、3つのグリッドを重ねて積層させた作品です。このように型で設計する場合、型が条件とコンフリクトを起こします。C.アレグザンダーの言葉で言えばミスフィット。設計はミスフィットを取り除くことだという言い方もありますが、この作品は敷地境界との間にミスフィットが多く、使いこなせてない部分がまだ沢山あります。非常に根気が必要ですが、使いこなしていくと論理の図式で考えるやり方として認められるのではないでしょうか。ちょっと惜しいですが、そういうチャレンジをしている作品だと思いました。［藤村］

27　東京理科大学　理工学部　建築学科　奥村夢大　入選

28 東洋大学 Toyo University
理工学部｜建築学科

[課題] 複雑さを許容する住宅 [2年生 | 2016年度 | 建築設計製図Ⅱ・課題3]

出題教員／指導教員：篠崎正彦

住宅はもっとも基本的なビルディングタイプであると同時に、人・物・出来事がもっとも密接に関連してくる建築でもあります。建築はそこを利用する人たちに生活の場を提供しますが、建築だけでは生き生きとした生活の場となりません。

住宅では多様な行為が起こります。個人的な行為から居住者以外も交えた多くの人が集まってする行為まで多岐に渡り、それに必要な空間も様々です。また、それぞれの行為が起こる時間帯も異なります。こういった多様な行為が起こる場として、統合された建築（外部空間も含めて）を限られた敷地内に実現することは建築の設計にとって重要な課題といえます。行為を限定するのではなく、住まい手の生活行為の多様さを許容することで、より豊かな生活の場を生み出し、住まい手の生活をサポートする建築が求められています。

今回の課題は、たまたま一緒に住むことになった人たちがそれぞれの生活の自由を確保しつつ、新しい人間関係を模索しながら築いていくきっかけとしての住宅を設計します。個々人のプライバシーを守り、生活上必要な要求を満たすという住宅に最低限求められる機能にとどまらず、住宅で起こる多様な行為が新しいコミュニケーションを誘発するような住宅として下さい。

この課題では、新しい住宅の一例を計画的に提案することに重点を当てていますが、これまでの設計課題で取り組んできたように意匠、計画、構造、環境、まちづくりなどを総合した提案として下さい。建築設計の様々な基本に留意しつつ、柔軟な発想を盛りこんだ提案を期待します。多くの条件が要求されていますが、その中から各自が興味をもった点をきっかけとして設計に入って下さい。

敷地・設計条件

・敷地面積：269.74 m²
・用途地域：第一種中高層住居専用地域
・建蔽率：60%
・容積率：300%

その他にも種々の法的規制があるが、今回は考慮しないこととします。表参道の商業地から住宅地に変化していく場所にあることにも注意して下さい。
建築は単体で存在するのではなく、都市を構成する単位でもあることも意識して下さい。敷地周囲との関係性も方位によって異なりますので、この条件を十分に活用して下さい。

・延床面積：200m²を上限の目安とするが、各自の設定によって異なる。
・階数：自由
・構造：自由
・駐車場：普通自動車1台、自転車4台。いずれも共用。

出題教員コメント

もはや核家族が最も標準的な家族像とはならなくなってずいぶん経ちます。私たちの持っている物も日々変化してきています。また、街に対して開き、街並みを作りだす住宅もどんどん少なくなっています。このような住宅を取り巻く状況をいま一度きちんと考え、居住者に寄り添いながらも生活の刺激となるような住宅のあり方の一つの例（特殊解かもしれませんが）を一つの建築として提案してもらうことがこの課題の目標です。[篠崎正彦（准教授）]

東洋大学 理工学部 建築学科 2年生［課題出題時］

櫻井優輔 | Sakurai Yusuke

無意識の距離感

ライフスタイル、世代が違う家族。この家族をストレスなく、良い関係を築いていくためにはどうすればよいか。この住宅では、家族を直接的につなげるのではなく、壁・外部・吹抜けをうまく操作することで程よい距離感を保てるように設計した。家族同士が無理してかかわることなく良い距離感を保ちながら生活を送ってもらいたい。

指導教員コメント

複雑な条件に端正でシンプルな構成で応えています。一見、単純な箱型の住宅に見えますが、コミュニケーションとプライバシーが両立するよう居住者の様々な集まり方が可能となる空間を提案しています。図面、模型を読み込んでいくと、都心のそれほど大きくない敷地に丁寧に設計された空間が穏やかに連続していく姿が目の前に浮かんできます。奇抜な形態、プログラムを導入せずとも豊かな空間を実現していることが高く評価できます。［篠崎正彦（准教授）］

一階構成：気配を感じ、家族を知る

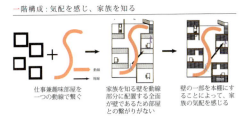

二階構成：距離感を保つフレキシブルなLDK

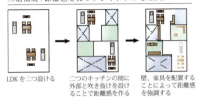

断面構成1：用途分布

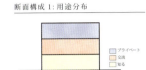

断面構成2：外部と吹き抜け光を取り込む

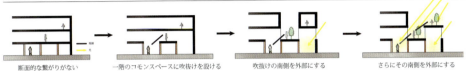

ダイアグラム

審査員コメント

設定がなかなかリアルで複雑だと思いました。非血縁者との関係性を住宅というプランでどう考え、プライバシーをどうするかという部分をもう少し聞きたかったです。家族間のつながりがプレゼンからはあまり感じられなかったこと、周辺地域に対しての開き方といったところが気になりました。結構ボリュームが大きいので、もう少し低層にして家族の関係性を解く方法もあるのではないでしょうか。

[前田]

1階平面図 | S=1:300　2階平面図　3階平面図

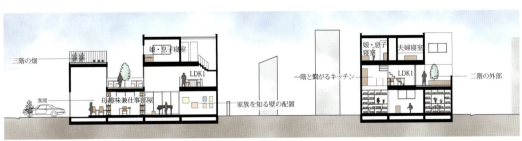

A-A'断面図 | S=1:400　　B-B'断面図

東洋大学 — 理工学部 — 建築学科 — 櫻井優輔 — 入選

29 日本大学 | Nihon University
芸術学部 | デザイン学科

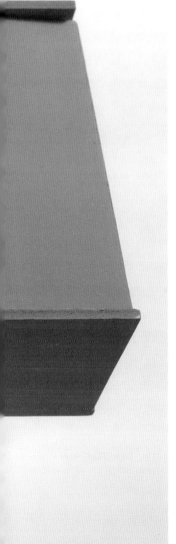

課題 私の舎 [2年生｜2016年度前期｜演習課題]

出題教員／指導教員：熊谷廣己

建築を何から学ぶか？建築初年の演習を受けた私への課題でもありました。

旧前川邸で、空間と図面の関係を感じることから始めてみました。いつでも空間は図面を超えています。しかし、忘れてはならないのは空間も図面によって造られる現実です。イメージの全てを図面に託す建築家の初源を考えさせられます。

まったくハードな原寸攻めの住吉の長屋。教える方もハードでした。実際の安藤図面での作図は一価値があったと思います。意外に飄々としている君たちに助けられました。4年生の中には、京都研修で住吉の長屋詣をした学生もいたようです。建築と図面の関係性を学んでくれたようです。

学生時代、建築家前川國男のディスク廻りの空間に感動しました。机の上に、「否定のための哲学」とかいう本がおいてあって——ドキドキしたのを覚えています。私と建築家との出会いでした。このコックピットみたいな空間で、前川は闘っているのだと実感しました。この豊かな空間があるから、前川の建築があるのだとも感じました。闘いののちは、この空間で好きな音楽を静かに聴きながら羽を休めていたようです。真の創造を果たす者には、このような空間が必要なようです。

前期のまとめとして、空間を思考するプログラムを創造的に体感して欲しい。
ゼロベースから構想し、イメージを展開し、空間スタディ、図面化までの過程を学びます。

大きさは求めない。目新しさや奇抜な形態も求めない。はやりものは腐敗する。あるがままに君自身の唯一無二の空間を探求して欲しい。

建築とは教えられることだけでなく、自ら学んでいくことに本質がある。創造する喜びを感じながら、楽しんでください。後回しにせず、今、ここで、この瞬間に創造すること。

設計条件
A. 住まい内に光に応答する空間を創造すること
B. 自分自身のアトリエを設け、身体に呼応する空間を捉えること
1. 敷地は自由。各自設定のこと（希望があれば指定します）
2. 規模は自由としますが、できるだけ小規模とします
3. 構造は木造、RC造、混構造など自由とする
4. 提出図面はインキング、または手描きとする
5. 居住者または家族構成は自由
6. その他詳細は、ミーティング時に指示

出題教員コメント
建築を学び始めて、2カ月ほどで出題される課題です。知識も技術もない状態で、無我夢中で創出されてくる建築空間です。その空間にそれぞれの初源を垣間見る思いです。通過儀礼として思い切って建築デザインにダイビングさせながら、空間の創造性と身体性を実感させること。ドキドキ、ワクワクしながら空間をデザインする〈楽しさ〉を供に共有する課題でもあります。

[**熊谷廣己**（教授）]

日本大学 芸術学部 デザイン学科 2年生［課題出題時］

岡本 強 | Okamoto Tsuyoshi

光とのアトリエ

自然な光のサイクルとともに活動するアトリエ兼住宅の設計。人は昔から日の出で活動し日の入りで活動を終える。デザインを練る他、様々な行動において効率が良いのは日が出ている時に活動することで、一日の活動サイクルは日の光に沿っている。そこで必要な時間帯に必要な光を取り入れて一定の生活リズムをアシストし、自分のスムーズな発想の展開をできるような空間を設計した。

指導教員コメント

〈光に応答する〉なんて課題に〈光の間仕切り〉というコンセプトで空間を構想してくれました。これから無限に思考されるであろう〈光と空間の関係〉について、どうやらスタート出来たようです。そして、忘れられないのが…ミーティングの時の楽しい会話とエネルギッシュな設計姿勢です。《初心 忘るべからず》。
［熊谷廣己（教授）］

1階には間仕切りがない。しかし間仕切りの代わりに一日中トップライトからの光が移動しながら入る。
朝には - 朝食スペース -
昼には - 作業スペース -
と、必要な時間帯に必要な範囲に光を当てることができる。
夜、就寝する時にはベッドから光が抜けていくように影が落ちていく。

審査員コメント

建築形態からやろうとしていることをすぐに読みとることができなかったのですが、ここで起こそうとしていることはかなり巧妙で、光を時間帯によってコントロールしています。実際に中がどういう光の様子になるのか、その辺りの様子がスケッチやCGパースなどで表現されていると、もっと良かったと思います。
［小西］

ダイアグラム

日本大学 ｜ 芸術学部 ｜ デザイン学科 ｜ 岡本 強

入選

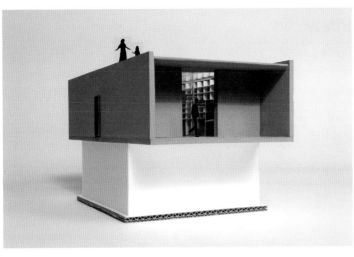

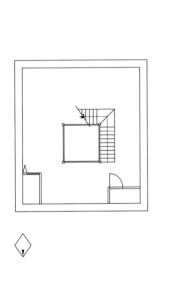

B1階平面図 ｜ S=1:200

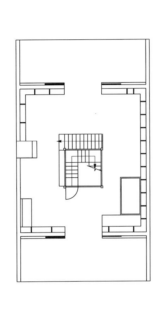

1階平面図

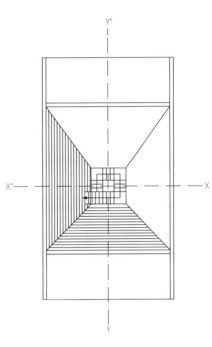

屋上階平面図

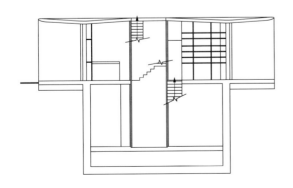

Y-Y'断面図 ｜ S=1:200

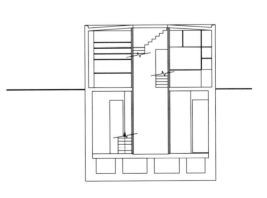

X-X'断面図

30 日本大学 | Nihon University
生産工学部 | 建築工学科 | 建築総合コース

課題 街に開く集住体——神楽坂の集合住宅 ［3年生｜2017年度前期｜建築設計Ⅴ］

出題教員：内村綾乃　**指導教員**：前田啓介

—— 都市は常にその大半を住居によって特徴づけられている。住居は都市を構成する基本的要素である。（「都市の建築」アルド・ロッシ）—— その集合体である集合住宅は都市の構成要素として最も重要な役割を担っていると言っても過言ではありません。

そこで、集まって住むということの意味をよく考えてみてください。東日本大震災の後、地域のコミュニティや人とのつながりの大切さが見直されています。また個人の時間や家族、友人との豊かな時間をもつことと、仕事を充実させることが反目しない生活スタイルを求める人が増えてきているのではないでしょうか。加えて、少子高齢化や核家族化が著しく進行し、高齢者・単身者の増加、子育てへの不安、孤独死などが社会問題となり、従来の集合住宅の空間形式では対応できていない課題も多くあります。そのような中、リノベーション物件を中心に、シェアハウス、シェアオフィス、小規模多機能空間などの家族や会社の単位ではない集住のあり方や空間の使い方も社会化されつつあります。そのような時代の変化、人々の多様化、社会的問題点などについて考慮しながら、これからの集合住宅としてどうあるべきか提案をしてください。

今回の敷地は神楽坂の駅前にある、もと新潮社の倉庫があった場所です。現在は隈研吾氏により「la kagu」という商業施設にリノベーションされています。

敷地と道路の高低差を巧みに利用して自然と人の流れが施設へと繋がる動線を作り出しています。話題性も伴い、このあたりが活性化してきたと言ってもよいでしょう。

そこで、今回の課題では「街に開く」集合住宅を設計してもらいたいのです。街に開くとは一様ではなく、商業施設の設置のみならず、居住者による「住み開き」ということを提案してもよいでしょう。住まうことの楽しさは建物の内部空間からのみ得られるのではなく、外部空間や周辺環境と関わりを持つことで生まれます。この敷地の特徴を最大限に活かした、魅力的な提案を期待します。

※「住み開き」とは…「日常編集家」アサダワタル氏によって提唱された言葉。「お店でもなく、公共施設でもなく。無理せず自分のできる範囲で好きなことをきっかけに、ちょっとだけ自宅を開いてみる。 そこから生まれるコミュニティは、金の縁ではなく、血縁も地縁も会社の縁をも超えたゆるやかな「第三の縁」を紡いでくれるはず。」

設計条件

（1）敷地
- 住所：新宿区矢来町
- 敷地面積：約1,500m²
- 用途地域：《商業地域》建ぺい率80%／容積率500%、《近隣商業地域》建ぺい率80%／容積率400%
- その他：北西側道路との高低差、約3m

（2）計画内容
- 延床面積：1,000−1,500m²（提案内容による）
- 階数：地上2階建以上
- 住戸数：20戸程度（提案内容による）。単身者、夫婦、夫婦＋子供1程度の家族を想定するが、集合の在り方によって想定すること。なお、単身者の割合は50%未満とすること。
- 住戸規模：30−90m² 程度（提案内容による）
　　　　　　上記家族サイズや集合の在り方にふさわしい規模であること。
- 駐車場：3台（居住者用）
- 駐輪場：10−15台分
- 共用部分：エントランスホール、廊下、階段、エレベータ等、必要に応じ適宜設置。集合の在り方によって提案をすること。
- その他：提案内容により、店舗、事務所等、適宜設置。なお、独立した戸建住宅の集合体は不可とする。

出題教員コメント

3年次前期の課題は集住体のデザインとして、集まって住むということの意味をよく考え、多様化する居住形態に対し、これからの集合住宅としてどうあるべきか提案してもらいます。敷地は神楽坂の駅のすぐ前にあり、現在は商業施設が建つ道路と敷地に高低差のある緩やかな傾斜地です。この立地を生かし、「街に開く」というテーマで建築物のハード面のみならず、ソフト面も考慮する集合住宅を設計してもらいます。［**内村綾乃（非常勤講師）**］

日本大学 生産工学部 建築工学科 建築総合コース 3年生［課題出題時］

渡邉健太郎 | Watanabe Kentaro

バラバラに集まる

住宅の機能を分散した集合住宅を提案する。今日の住宅は生活をするための機能をパッケージ化しており、機能的で便利である一方で、閉じた建築になってしまった。居住者が好きな階数、方角の部屋を選ぶことができる。そして部屋を3次元的に行き来することで様々なアクティビティが生まれるのではないか。家から離れ、街に近づく集合住宅。これが私の考える街に開く集住体である。

指導教員コメント

建築設計者の設計対象物に対する限定度合い、つまり各種動線や使い勝手の規定度合いに対する提案です。渡辺さんは、緩やかにライフステージやワークシーン組成を許し、その上で最低限の社会的インフラとして成立出来る建築フレームを提示しています。更に検証を深めれば "a priori" な「住み分け」提示も必要としない案への可能性も秘めていると考え、高評価としました。

［**前田啓介**（非常勤講師）］

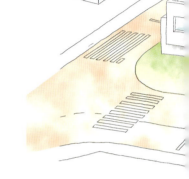

1 nLDKの解体

収納＋キッチン＋バス＋トイレ＋…。今日の住宅は生活するための機能をパッケージ化している。これらの機能を解体すれば、新しい集合住宅の姿が見えてくるのではないか。

2 神楽坂の敷地

東京都新宿区矢来町
計画敷地は東京メトロ神楽坂駅の目の前にあり、多くの人が行き交う一方、南側は閑静な住区外へと繋がっている。

3 好きな部屋を好きなだけ

1. nLDKを解体
2. 必要な機能を必要なだけ

nLdkをバラバラにした集合住宅を提案する。部屋ごとに賃貸契約することで、居住者が必要な部屋を必要なだけ賃貸することができる。好きな階数、方角を選んで生活する。

4 住み分けパターンの集合

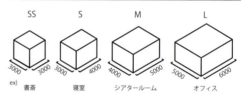

SS　S　M　L

ex) 書斎　寝室　シアタールーム　オフィス

4つのボリュームを設定。リビング、ダイニングだけではなく、オフィスや趣味の部屋など、居住者が自由に選定。

ダイアグラム

断面図 | S=1:400

日本大学 ｜ 生産工学部 ｜ 建築工学科 ｜ 建築総合コース ｜ 渡邉健太郎 ｜ 入選

駅前にはテナントが並び、街を賑わせる

審査員コメント

住宅のLDKがバラバラになっていて、敷地全体に散りばめられているという作品です。そこに住む人は回遊しながら、漂流しながら、歩きながら暮らしていくというシステムになっています。今回は模型のスケールを上げて実際の住み方や添景を見せようとする作品が多かったのですが、この模型はなかなか古風と言いますか、外観を重視して素材を統一し、外観の隙間の見せ方に絞っていたことが印象に残りました。[中川]

居住者が敷地内を行き交う

31 日本大学 | Nihon University
生産工学部 | 建築工学科 | 建築デザインコース

[課題] 大学前の大久保に集合住宅を設計する

[3年生｜2016年度｜建築設計Ⅵ・第1課題]
出題教員/指導教員：泉 幸甫、森山ちはる

課題対象地域は大学の正門から大久保十字路に至る商店街、及びその背後に控える住宅地内で、そのどこかの場所を特定し、集合住宅の設計を行います。

大久保商店街は昔からの寂れた商店とともに高層マンションや歯抜け状態の駐車所が混在し、また裏通りは住宅地としての整備がなされていず、全体として雑然とした様相を呈しています。

またこれからの日本には空き家問題や少子高齢社会が予想され、この地域においても同様の問題が加わるでしょう。

課題制作にあたっては、このような広い視点から集合住宅の在り方を捉えると共に、この大久保という特定の地域にコミットした提案を行ってください。

集合住宅に多様性を持たせるためのヒント
1. 現在のこの地域をよく観察し、今ある具体的な状況を前提に計画する
2. 集合住宅だけでなく、他の用途と複合することによって生まれる何らかの可能性を考えても良い
3. 更地に、あるいは建て替えによる新築を考えても良いが、増築、改築、あるいはそれらが複合した建築でもよい
4. 集まって住むことによって何が可能か、という集合住宅自体としての提案
5. 住まうこと共に地域や生業とどのように結びつくか、建築の多様性、多面性を考える
6. 集合住宅に多様性を持たせるためのキーワード
   居住者の多様性、様々な家族構成、世代の多様性、専用住居、シェアハウス、SOHO、住宅以外の用途との複合、住宅＋商店、集会所、銭湯、保育園、買い物、祭り、バザール、遊び、飲食、趣味、広場、中間領域、人工物と自然、周辺環境との融合、さらに町や村のような集合住宅

出題教員コメント
学生たちがよく知る大学前の地域がかかえる、住生活における独自の問題、と同時にこれからの日本が抱える問題も含め、集合住宅を作ることで、これらの問題をどのように解決することができるかを提案するものです。その具体的な場所に集合住宅だけでなく、他の用途の建築と複合させても良いし、新築でもリノベーションでもよい。集合住宅を建てることで街を再編集し、これからの街、人の生活のありようを根底から考える課題です。[**泉 幸甫**(教授)]

日本大学 生産工学部 建築工学科 建築デザインコース 3年生 [課題出題時]
高野真実 | Takano Mami

十重二十重がつくる都市の奥行

巡り歩く楽しさをもつまちの構成と、中心になる商店街の活気復活を目指す。計画敷地を一部開放した空間に商店街から道を引き込み、まちと人を繋げる結節点となる場を構想。まち全体のビジョンを軸に、商店街と家、家と小道、共有部と住戸の関係へと考えを広げ、4棟の建物の2階をブリッジで繋ぎ、外部に小道と中庭、2階中心部に全棟を周回できる共有空間をもつ学生アパートを計画する。

断面パース

ダイアグラム

イメージから具体的なしくみへ

1F
卍型にボリュームを配置
道とたまりを共存させると共に
視線の抜けを操作

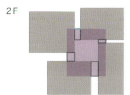
2F
小さな共用廊下もつなげて
一体化させることで
様々な関係性を持った場を出現

指導教員コメント

何といっても、こんなところに住みたい、と思わせる楽しさに溢れた計画です。商店街に面する既存の数件の木造建築を想定し、そのリノベーションと増築を行うことで、街の歴史的継続、活性化、街と住まいの連続性、街と住民同士の共有意識など、人や街とのつながりを生み出しています。さらに特筆すべきことは、このような空間を作り出すのに既存家屋の2階を繋ぐという秩序を設定することでそれを可能にしています。［泉 幸甫（教授）］

image1. 集合住宅
街を巡る道のひとつとしての通り庭（大久保利用者全員が通過可能）
中庭のような住民だけの占有空間。玄関を通ってアクセスする

image2. 商店の居空間
集客のため、居空間のたまりと動線を共存させる

image3. 街並み
立面を揃えリズムを出す

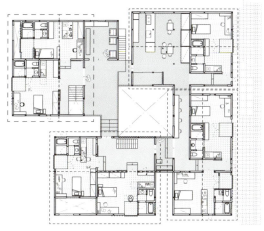
2階平面図

審査員コメント

模型の雰囲気がすごく良い作品です。しかし、寸法を自分で決めていないので余っている寸法が多いことと、この建築で一番重要であるはずの中庭が余った空間のように見えてしまうところが課題ではないでしょうか。絵が描けているところは細かく設計されているので、その密度で全体が設計されていると良かったと思います。立面の軒の高さ、窓などは意図を持って設計されていると思わせるだけに、平面の余っているところが勿体無いと感じました。［藤村］

1階平面図｜S=1:400

32 日本大学 | Nihon University
生産工学部 | 建築工学科 | 居住空間デザインコース

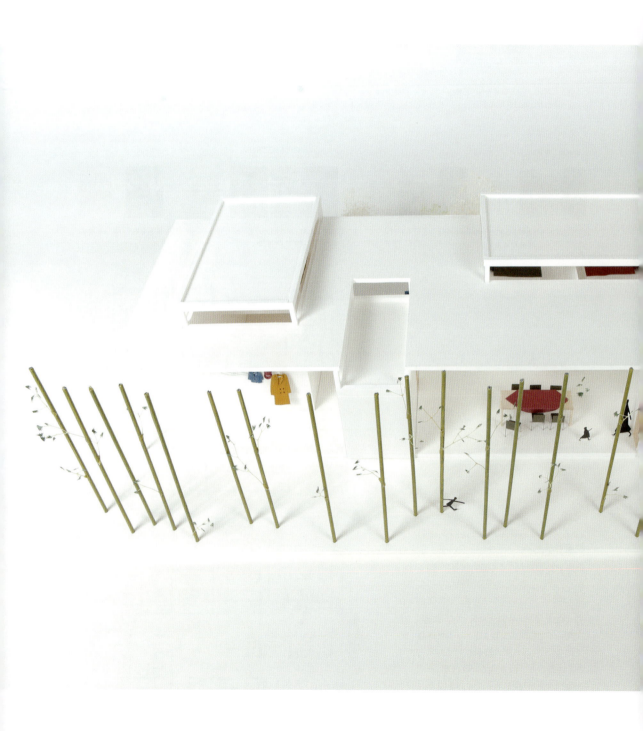

課題 ○○の住宅 ［2年生｜2017年度｜建築設計演習Ⅱ］

出題教員／指導教員： 渡辺 康、木下道郎

前課題「住宅巡礼」では、考え方や・敷地・習慣・家族形態で様々な住宅が生まれることが分かったと思います。住宅は普段なにげなく生活しているし見ているので分かっているつもりでも、改めてよく考えると奥が深く、問題もたくさんあります。それは逆に言えば、新たな可能性もたくさんあるということです。今回住宅を設計するにあたり、テーマとコンセプトをもって考え、住宅のある部分○○に注目し、○○のあり方を考えることで、その住宅全体に影響がおよび、『これは○○の住宅だね！』と言われてしまうような住宅を考えてみよう。○○は玄関でも廊下でも間仕切でも窓でも屋根でも個室でもキッチンでもバスルームでも、様々に考えられると思います。

設計条件
・構造：鉄筋コンクリート造（木造・鉄骨造との混構造も可）
　延床面積：120−150m²（駐車場を建物に入れ込む場合は駐車場分だけオーバーも可）
・階数：自由
　家族構成：各自で想定する。
　例）夫婦（30代後半）＋子供2人（小学生の男女）、夫婦共にグラフィックデザイナー。
・要求室：各自で想定する。浴室・トイレ・キッチンなど基本的な部屋は必要でしょう。
　例）夫は都心に仕事場があるが、妻は子育ての合間に家で仕事をしたい。
　そのスペースはパソコン・スキャナー・プリンターなどがあればできるので、リビングやダイニングの脇のコーナーでもよいし専用の部屋でもよいが、子育て・家事をしながら仕事をするので家事動線をよくして、仕事のスペースとの関係も考える。
・駐車スペース：2台

出題教員コメント
2年生最初の住宅課題です。コンセプトの明確な住宅15作品を2人1組でそれぞれ調べ、図面を写し、コンセプト模型を作り発表し、提出された図は全員トレペにコピーしまとめると良いテキストになります。次にこの住宅課題では、そのコンセプトを発展・応用して設計をしてみようという形にしています。住宅を初めて設計するにあたり、寸法・使い勝手を考えるとともに、コンセプトとはどういうものかを理解することも目的にしています。［渡辺 康（教授）］

日本大学 生産工学部 建築工学科
居住空間デザインコース 2年生［課題出題時］

堀内那央 ｜ Horiuchi Nao

小西賞

間の家
住宅は家族を構成する場であり、個々の活動や安らぎの場でもある。現代の住宅は比較的に後者を優先した作られ方がされ、個々が集まって暮らすシェアハウスのようになっている。集合体になることが特別であり、個々になることがスタンダードとしている家族を、家族同士や外部ともつながりやすい関係として再構成するために新しい住まい方を提案する。

指導教員コメント

住宅を閉じた部分と開いた部分に明確に分けた斬新なプランです。閉じたボックスの高さを変えることで、空間をより豊かにするアイデアが効いています。開いた領域の開放度の調整により、自然に対しても社会に対しても閉じたり開いたりすることができる都市型住居です。日本の都市部における細分化された敷地を建築的に使いこなしていく方法の一つだと思います。敷地周辺との関係性を十分視野に入れられれば、さらに良かったと思います。［**木下道郎**（非常勤講師）］

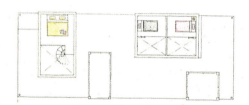

2階平面図

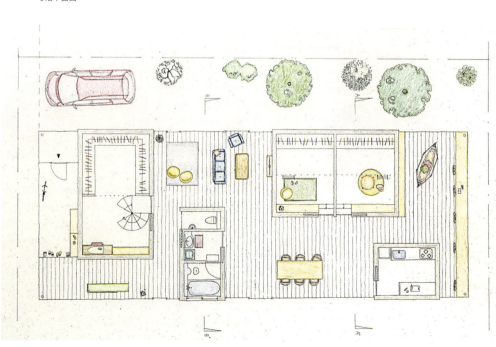

1階平面図 | S=1:200

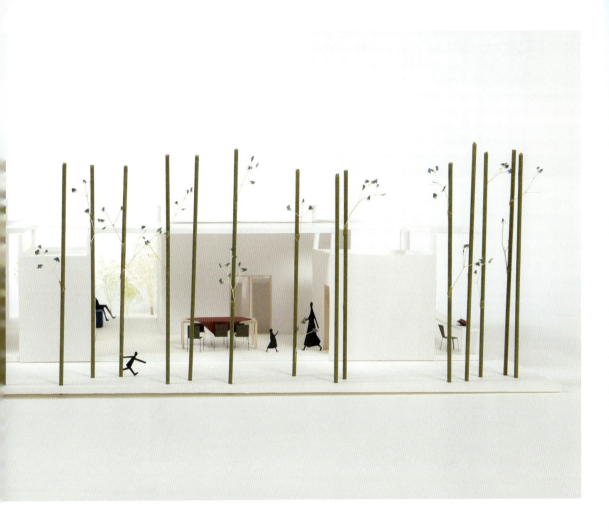

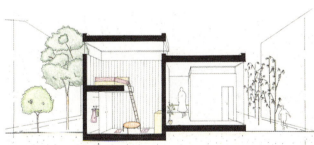

A-A'断面パース | S=1:200

B-B'断面パース

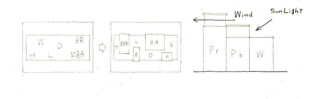

ダイアグラム

日本大学 — 生産工学部 — 建築工学科 — 居住空間デザインコース — 堀内那央

小西賞

審査員コメント

家族のつながりというテーマに対し、プライベートの部分を徹底的に閉じることで反転した部分を開き、そこに集まって住むという案です。高さ方向も工夫していて、通風や光を取り込む機能があったりと、シンプルな平屋ですが上手く考えて作られています。プランはもう少し回遊的なところがあっても良いと思いました。個室の外を廊下のようにすると、もう少し自由度が高いプランになるのではないでしょうか。[前田]

33 日本大学 | Nihon University
理工学部 | 建築学科

課題 住宅 ［2年生｜2017年度｜建築設計Ⅱ・第2課題］
出題教員：佐藤慎也、山中新太郎　**指導教員**：仲條 雪

建築の中でも最も基本的な用途である住宅を設計する。家族や居住環境のあり方が問い直されている現在、住宅は古くて新しいテーマを抱えている。家族のライフスタイルや周辺環境を見つめ直し、既成・固定のイメージにとらわれない住宅を提案してほしい。また、周辺環境を理解し、その場所の特徴を活かすとともに、住まい手となる家族については、条件に合わせて各自で想定するものとする。

住宅として要求される点は以下の点である。住宅で行われる寝・食・衣・洗・納などの生活行為を理解し、必要な部屋の大きさやつながりを考えること。各居室（リビング、ダイニング、寝室など）において、十分な広さと採光や通風などを確保すること。住宅で使われる基本的な寸法を把握すること。立地条件の特性を活かすとともに、近隣に対する配慮やプライバシーを確保すること。この課題では、下町の風情を残した東京谷中を計画敷地に設定している。隣接した寺院をはじめとして、周囲は多数の寺院に囲まれた寺町としても有名であり、観光客や街歩きの人たちが後を絶たない。前面道路の向かいには、日本の伝統美術の復興に貢献した岡倉天心の邸宅兼日本美術院跡につくられた公園が位置するなど、歴史的な背景を強く持つ土地である。この場所にふさわしい住宅を提案してほしい。

主な条件
・敷地：東京都台東区谷中3丁目
（敷地面積：170m²、用途地域：第一種住居地域、建ぺい率：70%（角地緩和＋10%）、容積率：300%、準防火地域）
・建築面積・延床面積：法規の限度内で自由
・構造：木造、RC造、鉄骨造など自由（図面には構造がわかる表現をすること）
・階数：自由（地階も可）
・家族構成：4人以上の家族構成を各自で設定すること。
・必要な諸室：リビング、ダイニング、キッチン、夫婦寝室、子ども部屋、その他（洗面・化粧室、トイレ、浴室、廊下、玄関、納戸、収納、ベランダ・テラスなど）（諸室は計画に応じて兼ねられることとする。また、上記以外に各自の提案に応じて必要と思う部屋を適宜補うことができる）
・駐車場：必要に応じて計画すること。

出題教員コメント
下町情緒が残る台東区谷中で戸建て住宅を設計する課題です。敷地の周囲には多くの寺があり、まち歩きの人たちも多い場所です。道路の向かいには岡倉天心を記念した公園があります。2年生前期の課題ですが、この場所性をどう捉えるかを意識させました。家族については4人以上を条件に各自で設定できることにしました。住宅での生活行為を考え、部屋のつながりや大きさ、換気や通風、プライバシーなどにも配慮するようにしています。［山中新太郎（准教授）］

日本大学 理工学部 建築学科 2年生［課題出題時］
鳥山亜紗子 | Toriyama Asako

居場所をみつける。
自分の部屋で本を読んだり、課題をやったり、ケータイをいじったり…ふと、なぜ部屋に閉じこもっているのだろうと疑問に思った。もっと自由に、家の中を使えたら…。そこで私は、いろんな境界線を使ってその時その気分、その季節によって居場所を変えられる家を考えた。日本建築のうすい境界線は、様々な空間を作り出す。それをふまえ、自分なりのうすい境界線で生み出した空間を提案する。

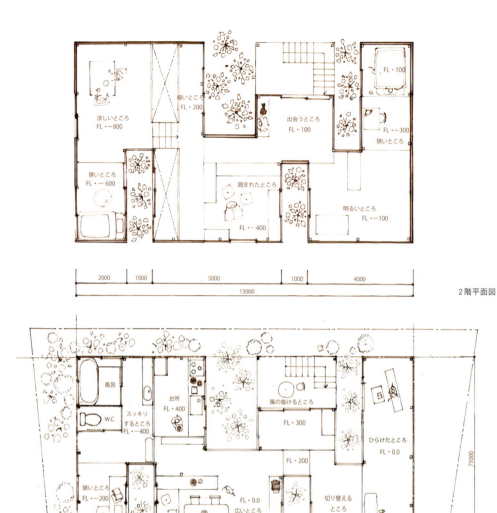

2階平面図

1階平面図

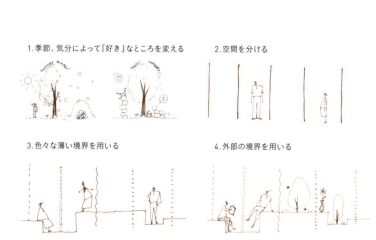

1. 季節、気分によって『好き』なところを変える
2. 空間を分ける
3. 色々な薄い境界を用いる
4. 外部の境界を用いる

指導教員コメント

既存の間取りに疑問をもち、自由になることを試みている案です。間取りを解体し、日本古来の段差や建具、外部空間などの構成要素を自分なりに解釈し、再構築する手法として採用していることを評価しました。要素を整理するため、どうしてもガラスが多くなってしまうところに批評もありましたが、建具のみならず段差、外部、吹抜などによりさまざまな性格の場所を得、季節や気分で自由に暮らせる空間ができていると思います。

[仲條 雪（非常勤講師）]

審査員コメント

基本的に壁を使わず、日本建築の様々な要素を使って、やんわりと空間を仕切っている作品です。通常、人の住む建物ではどんなにやんわりとは言え、トイレ、お風呂、場合によってはキッチンなども閉じられた、ひとつの塊になりがちです。この作品ではそうした一見強い壁が出てきそうな場所を乳白色のスクリーンでつないでいます。全体的にゆったりと空間を仕切るということを上手く表現できているように感じました。[小西]

日本大学｜理工学部｜建築学科｜鳥山亜紗子

中川賞

断面スケッチ

立面スケッチ

34 日本大学 | Nihon University
理工学部 | 海洋建築工学科

課題 北十間川の集合住宅——美術館と水辺に隣接する集住体

［2年生│2016年度│デザイン演習Ⅱ・第1課題］

出題教員：筒井紀博、小林直明

指導教員：内海智行、小野和幸、小林直明、佐藤浩平、神野郁也、玉上貴人、筒井 潤、水野吉樹

本課題は、北十間川沿いの敷地に集合住宅を、隣接する水辺の空間および美術館との関係性を配慮して計画するものである。

敷地の位置する墨田区は、東京スカイツリーの建設に伴い「北十間川水辺活用構想」が策定され、"ゾーンごとの特性を活かしながら、全体として統一感のある親水空間を形成する"、"都市的なデザインの中に下町文化が楽しめる水辺景観を形成する"というふたつの基本方針を挙げている。

敷地東側の東京スカイツリー前面の北十間川は、すでにアクティブな親水空間がデザインされているが、本敷地においても下町的な都市部において、そこに暮らす人々が快適に過ごせる"魅力的な水辺の集住体"の提案を求める。

計画に当たっては、特に以下のことが求められる。

（1）第2課題敷地Bに「街の美術館」を計画するが、北十間川の水辺を挟んで2つの敷地が一体的な環境を形成することをイメージして計画を行うこと。例えば、住戸と水辺との関係性、共用部と水辺との関係性をそれぞれ考慮すること。街の美術館との関係においても、美術館の親水空間としてどのような空間とするか、本課題時点において想定しておくこと。

（2）各住戸は、ファミリー層をターゲットとした住戸とする。（家族構成は3、4人を想定）

······

計画敷地及び周辺条件

（1）敷地の形状・接道・周辺状況等は、添付資料敷地図参照（住所：東京都墨田区向島1丁目他）。
敷地は770m^2（計画敷地A）である。

（2）敷地条件は商業地域（建蔽率80%・容積率500%）。防火地域。

（3）電気・ガス・上下水道などは整備されている。また、地盤は良好である。

建築物

（1）鉄筋コンクリート造（一部鉄骨可）、地上4階建て以上7階建て程度までの中高層集合住宅とし、必要によって地階を設けても良い（ドライエリアなどの配慮は必要）。

（2）総戸数は25戸以上、1戸の床面積は65m^2－75m^{2}程度とするが、入居者の設定によって適切な床面積と間取りの提案は可である。また、述べ床面積を算定すること（外気に有効に開放され、屋内的用途に供しないピロティ・バルコニー・吹きさらしの共用廊下・屋外階段などは述べ床面積に算入しなくて良い。詳しくは、建築基準法令集等を参照）。

（3）フラットタイプ（1層住戸）のほか、メゾネットタイプ（2層住戸）、トリプレットタイプ（3層住戸）等、立体的な住戸形式としても良い（住戸内に吹抜けなどを設けることも可）。

（4）水辺の空間と一体化もしくは、関係を意識された貸しイベントスペース（約100m^2）程度を設ける。

（5）設備は空気調和設備を設ける（バルコニーなどにエアコンの室外機を置けるようにする）。また、エレベーターを必ず設置する。

（6）共用エントランス（集合玄関）には、メールコーナー（集合郵便受け、宅配ロッカー）を設ける。

（7）共用部として、管理員室・ゴミ保管庫・ポンプ室などを設ける（それぞれ、10m^{2}程度とする）。

屋外施設

（1）駐車場は平面駐車とし、来客用兼搬入用1台分（3.5m以上×6m以上）を必ず設ける。その他台数は適宜とする（1台当たり必要面積は設計資料集成等を参照）。

（2）自転車置場を25台分以上設ける（1台あたりの必要面積は設計資料集成等を参照）。

（3）水辺を生かした外構計画をする（親水性を高めるための護岸形状の変更や、敷地内への水の引き込みは可）。また、外構計画と北十間川、プロムナードとの関係性を考慮する（アクセスや、用途的な関連性、レベル差、セキュリティラインなど）。

（4）広場、遊歩道、テラス、中庭、水盤、東屋、屋上庭園などは、適宜、自由に設けて良い。

出題教員コメント

東京スカイツリーに近接する北十間川という江戸時代初期に開削された運河沿いの狭隘な770m^{2}の敷地に25戸以上の集合住宅を設計する課題です。現在、東京スカイツリーの北十間川沿いはウォータープロムナードとして整備されましたが、当敷地はコンクリートの垂直な護岸のままです。以上のような厳しい条件のもと、新しい集合住宅の在り方、北十間川との関係性、周辺地域との連携を問う課題であります。［**小林直明**（教授）］

日本大学 理工学部 海洋建築工学科 2年生［課題出題時］

服部 立 | Hattori Tatsuru

東京カワマチ

北十間川沿いに建つ27戸の集合住宅。未だ木密地域も残るこの地に一塊のボリュームはそぐわない。そこで水辺の波を抽象化しメゾネットのユニットを上下にずらすことで、水平方向の吹き抜けを出現させた。この空間が光や風の取り入れだけでなく、隣人との交流も生み出す。さらに共用部に水辺環境を活かしたアウトドア拠点を設け、周辺地域住民も利用することで街全体を活性化していく。

指導教員コメント

各住戸を単純な水平区画ではなく、床と壁の区分を交互に配し、その連続性を集合体としてのファサードに昇格させた点が特徴的です。WFSと称した交互の界壁は、運河沿いの公共空地からの見上げ、また上層の占有空間からの見下げに対しそれぞれが絶妙なリズムで視角を制御しています。都市の公共性、プライバシーとコミュニティーなど、集住の課題は尽きない中、スキップしたシェアバルコニーによる隣接者同士の新しい距離感等、現実性のある手法を提示した秀作です。［**内海智行**（非常勤講師）］

Wave Floor Structure (WFS) 　水辺にふさわしい集住体

当敷地に塊としての建築はそぐわない

ダイアグラム

南側に向く7×3のメゾネットに分割

水辺の波をイメージし交互にずらす

シェアバルコニーパース

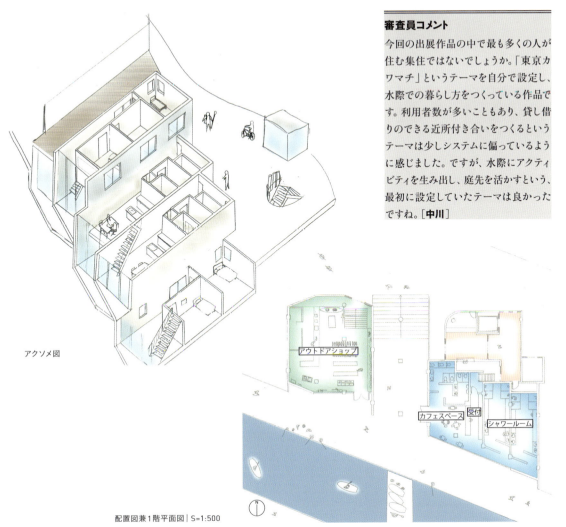
アクソメ図

配置図兼1階平面図 | S=1:500

審査員コメント

今回の出展作品の中で最も多くの人が住む集住ではないでしょうか。「東京カワマチ」というテーマを自分で設定し、水際での暮らし方をつくっている作品です。利用者数が多いこともあり、貸し借りのできる近所付き合いをつくるというテーマは少しシステムに偏っているように感じました。ですが、水際にアクティビティを生み出し、庭先を活かすという、最初に設定していたテーマは良かったですね。［中川］

35 日本工業大学 | Nippon Institute of Technology
工学部 | 建築学科

課題 賄い付き下宿・再考 ［2年生｜2017年度｜建築設計Ⅱa］

出題教員/指導教員：小川次郎、平林政道、小山大吾

大学生の一時期、自分が生まれ育った土地を離れ、知らない場所で、見知らぬ人びとと一緒に住む機会をもつことがあります。共同で生活することの楽しさや難しさ、つまり自分の生活が独立したものではなく他者との関わりの中で成り立っていること、また食事の支度や洗濯など高校生までは意識することの少なかった生活の細部に気づき始める時期でもあります。

バラバラになりがちなこうした共同生活を結び付けるものに、「食事」があります。つくった人の顔がわかる食事を、知っている人と一緒に食べる。食べる時間帯は違っていても同じメニューを食べる。あるいは、食べている人と食べ終わった人、つくった人が同じ空間でおしゃべりする。賄い付き下宿には、こうした食事を介した緩やかなコミュニケーションがあります。それは息苦しくない、ほどよい距離感のコミュニケーションでもあります。

今回設計対象とするAさんは、長年こうした賄い付き下宿を運営すると同時に、地域に根差した仕出し弁当屋さんを営んでいます。高齢者施設や一人暮らしのお年寄り、保育園、付近の工事現場などにお弁当を届け、地域の人びとと様々な接点をもち、親しまれてきました。こうした背景を踏まえて、この設計では、Aさん家屋の立て替えを想定し、賄い付き下宿の現代的なあり方を提案してください。

住人同士や、住人と大家さん、また住人と大家さんと地域の人びととの間に細やかな連帯を生む、賄い付き下宿を期待しています。

設計概要
・敷地：現在、「仕出し弁当屋A」が建っている敷地
・建坪率：60％、容積率：200％
　上記の敷地に適宜建物の規模を設定する。
・学生数：男子12人、女子4人の計16人

必要諸室など
下宿
・居室（1人—4人部屋の組み合わせ・収納を設ける）
・食堂、キッチン
・リビングルーム
・男女別の共同トイレ、洗面室、浴室、洗濯室、物干場
・駐輪場（人数分程度）
大家さんの住宅
・夫婦2人＋夫婦の親1人
仕出し弁当屋
・厨房
・食事スペース
・大型冷蔵庫置場：2台分（厨房内か外部に設ける）
・駐車場：2台分程度
その他
・地域の人との交流スペース、農作業休憩所、農作業道具置場、小規模な銭湯など、下宿、弁当屋と地域との関わりを想定して各自設定する。

注意事項
・下宿の食堂・キッチンとリビングルームは一体的に設計してもよい。
・下宿の食堂と仕出し弁当屋の食事スペースは、空間的なつながりを意識して設計すること。

出題教員コメント
長年賄い付き下宿を経営しつつ、地域に根差した活動を行ってきた仕出し弁当屋さんの建て替え計画です。とかくバラバラになりがちな学生の共同生活をどのように結びつけるか、一緒に生活することの楽しさや難しさ、また自分の生活が孤立したものではなく、他者との関わりの中で成り立っていることを意識し、空間化してもらいたいと考え、出題しました。［小川次郎（教授）］ ▶課題出題教員インタビュー p.242

日本工業大学 工学部 建築学科 2年生［課題出題時］

宮澤拓磨 | Miyazawa Takuma

賄い付き下宿・再考

人は、独りの方がストレスなく生活できるかもしれない。しかし、それはあまりにも寂しい気がする。人とシェアする事は、他人とのギャップに戸惑いを生むが、そこでは価値観の発見や個人を尊重する気持ちが生まれる。そこで、弁当屋を営む家族と24人の学生が住まう賄い付き下宿を提案する。各部屋の間には、室内と屋外にコモンを設け、学生間での交流が生まれることを期待する。

指導教員コメント

この課題では、既存の建物とほぼ同様の規模やプログラムで建て替えることが求められました。宮澤君の設計では、学生の居住する個室の玄関先に設けられた小広場、建物の外周部にあり各個室を結びつける小バルコニー、食堂や中庭といった大空間や吹き抜けなど、居住者、来訪者が共有できる様々な規模の共有スペースが組み込まれており、さらにこれらの立体的な構成もよく検討されています。こうした点が高く評価されました。［小川次郎（教授）］

階段から食堂を見る。普段学生たちはこの空間で食事をし、交流を図る。

階段下から中庭を見る。木の下は生徒が談笑したり読書をするスポットとなる。

外部コモンを見る。むき出しの梁には洗濯物を干したり植物吊るして育てる。

3階平面図
☐ 学生共有スペース
☐ 学生個室

2階平面図
☐ 学生共有スペース
☐ 学生個室

1階平面図 | S=1:400
☐ Aさんの住むプライベートゾーン
☐ 学生共有スペース
☐ Aさんと学生の共有中庭

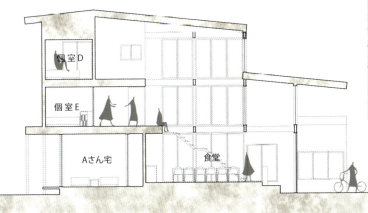

A-A'断面図 | S=1:200

平面ダイアグラム

連続した空間は、使う人をグラデーションのように変化させる。

断面ダイアグラム

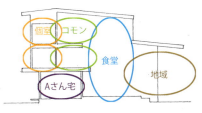

吹き抜けを介して、コモン、個室の順につなげる。奥に行くほど、プライベートになる。

個室ダイアグラム

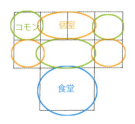

個室が交互に配置される。
その隙間を学生用コモンが埋める。

審査員コメント

1階が共用スペース、2階に個室がある下宿の設計です。反復する部分と崩す部分のバランス、模型の雰囲気からも崩しが上手いと感じました。気になるのは910のモジュールで、そこから結構自由になっているところもありますが、コンベンショナルな寸法がたくさん出てくる辺りが少し勿体無い。910から逃れられない人と、910を手がかりにして組み立てられる人がいると思いますが、この作品はどちらとも言えないですね。[藤村]

36 日本工業大学 | Nippon Institute of Technology

工学部 | 生活環境デザイン学科

課題 **シェアハウスの設計** ［2年生｜2017年度｜住空間の設計Ⅰ・第3課題］

出題教員/指導教員：足立 真、白子秀隆

・これまでの第1課題・第2課題を踏まえて、シェアハウスの設計を行い、
　図面・模型で表現する。
・内部での住人どうしの関係とともに、外からの来訪者に対する空間のつくりも考慮する。
・内部空間だけでなく、外部空間や周辺環境との関係も考え、敷地全体をデザインする。

これまでの第1課題・第2課題では、パーソナルスペースと共有スペースのアイデアを
構想してきました。第3課題では具体的な敷地を想定して、それらのアイデアを空間的
にとりまとめ、シェアハウスの建物を設計します。

当然のことながら、これまでのアイデアを単に合体させただけでは建築の設計として
成立しないでしょう。また、これまで考えてこなかった部分もあるはずで、そこを考え始
めるとさまざまな矛盾が生じることもあるでしょう。そこでうまくいかないと諦めるので
はなく、スタディを重ねて新たなアイデアを考える努力が必要です。

特に敷地との関係は重要です。アプローチの位置、周囲への開放性、住人以外の人
たちとの関わり方、日照、外部空間の役割など、建物内だけでは考えてこなかったこと
を具体的に考える必要があります。

シェアハウスでのライフスタイルを提案するコンセプトを明確にし、図や模型に表しな
がら総合的に空間を考えて設計を進めてください。そして、それが魅力的に他者に伝
わるような表現を行ってください。

※ 設計を進める過程で、第1課題・第2課題のアイデアが変化しても構いません。

敷地
・東武動物公園駅から大学までの間で与えられた5箇所から各自選択する。
　※これら以外に、別の敷地で設計したいという希望があれば相談に応じる。

住人の設定
・4−6名が住空間を共有するシェアハウスとする。居住者像は各自が具体的に設定すること。
・住人以外の人が訪ねてくることも想定して設計を行うこと。

その他
・住人が所有する自転車の置き場を設けること。車の所有については自由とする。
・敷地内の外部空間を設計し、図面と模型に表現する。
・構造形式は自由とする。

出題教員コメント

この課題では、実感を持てる身の回りから徐々に視野を広げ、モノと人、人と人の関係を空
間化して建物にまとめるプロセスを求めています。個人の最小限の空間を魅力的にするアイデ
アを考え、それをシェアハウスの共用部、さらには外部との関係へと展開していきます。それ
ぞれの場所をどのように分けて繋げるのか。社会との連続の中に身体スケールの空間を位置
づけていき、その結果として生まれる建築をかたちにしていきます。［**足立 真（教授）**］

36 ── 日本工業大学 ── 工学部 ── 生活環境デザイン学科 ── 鳴海彩乃 ── 入選

日本工業大学 工学部 生活環境デザイン学科 2年生［課題出題時］

鳴海彩乃 | Narumi Ayano

まちを耕す

敷地がある宮代町では「人と自然がやさしく輝くまち」として農業に力を入れているが、近年ではその担い手が減少している。そこでこのシェアハウスでは、「土間」を「まち」と「畑」をつなげる役割として取り入れた。「土間」で若者と地域の人たちが協力して農業を学び、また「畑」を通じた交流が生まれる。若者たちの住まいが、農業の活性化に向けて「まち」のつながりをつくる場になる。

指導教員コメント

L型の敷地に対して、半外部的な領域の「土間」が挿入され、道路──土間──シェアハウス──土間──畑へと階層を持って連続している。それぞれの領域の境界には段差や大小の開口、ベンチやテラス、ガラスや壁など様々な要素が雁行しながら展開し、いろいろな居場所と居場所を曖昧に繋げています。住人同士の関係だけにとどまらず、近隣の人々とも交流が生まれ、「まち」に対して自然と開かれた空間構成が秀逸でした。
［白子秀隆（非常勤講師）］

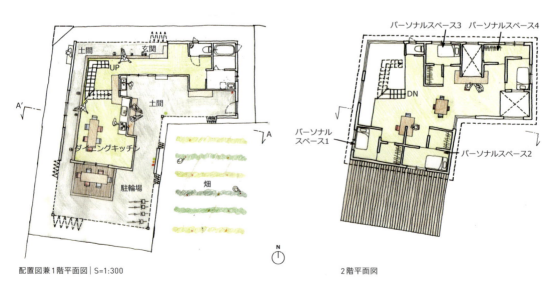

配置図兼1階平面図 | S=1:300　　　　2階平面図

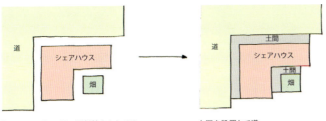

道・シェアハウス・畑に関係性をもたせる。
(畑で採った野菜を食べる、売る)
(地域の人に農業を教わる)

土間を設置して道・シェアハウス・畑をつなげて土間を通した交流が生まれる。

審査員コメント

素朴な佇まいですが、サンルーム的な下屋のスペースが印象的な作品です。この部分は解放できるので、夏場は縁側的なスペースとして使えたり、反対側にも大きな開口部があるので、通り抜けできそうな雰囲気が気持ち良さそうです。ただ、母屋側の階段まわりには違和感があります。下屋をつけたり、土間の部分が断面でもっと縦方向に通り抜けたりと、土間の賑わいが2階につながっていくプランを取り入れても良かったと思います。[前田]

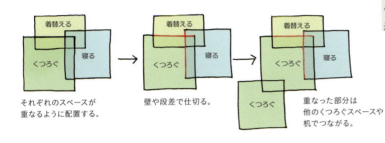

それぞれのスペースが重なるように配置する。

壁や段差で仕切る。

重なった部分は他のくつろぐスペースや机でつながる。

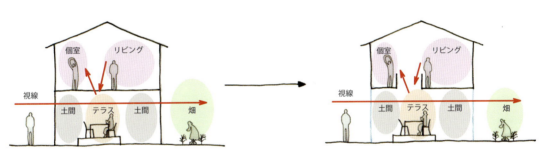

壁や床だけでは視線がつながらない。

壁をガラス張りにすることで、道からテラス、土間を通して畑につながる。
吹き抜けをつけることで1階、2階との視線がつながる。

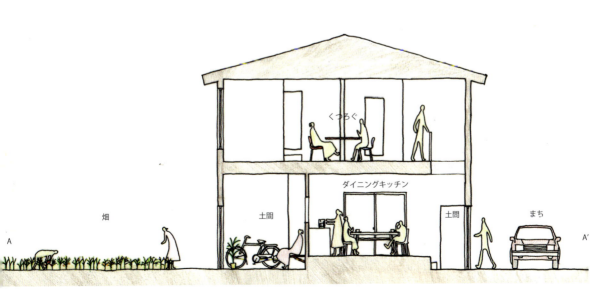

A-A'断面図

37 日本女子大学 | Japan Women's University

家政学部 | 住居学科 | 居住環境デザイン専攻・建築デザイン専攻

課題 街とくらす、21人のための家 ［2年生｜2016年度｜建築設計Ⅰ・第2課題］

出題教員：宮 晶子、石川孝重、東 利恵、定行まり子、片山伸也、寶神尚史　　**指導教員**：寶神尚史

1960年、東京では4人程度だった一世帯あたりの人数は、2011年には2人程度となりました。高齢者や単身者が増え、少子化が急速に進んでいます。他方、一世帯に一家族という標準的だと考えられている住まい方も、歴史的にみれば産業革命を経て1920年以降に確立された、日本では戦後から一般化してきたといえる新しい住まい方です。

多様な生き方の選択肢が増えている今日、標準的な家族が暮らすだけでない住まい方が求められています。また、標準的な核家族のための住宅も、いまだ主流として存続していますが、東日本大震災以降、地域とのつながりの大切さが見直され、独りっ子が主流となった時代における子供の環境などを考えると、核家族が一住戸に完結する形式や空間性が、現代の人々にとって最良のものであるとはいいがたい状況です。住み手はまず、10年後のあなた自身です。そして10年後の、あなた自身の家族像を設定してください（自身への期待感をもち、これからの社会環境も想像しながら10年後のライフスタイルもイメージして）。両親や親戚なども暮らしに巻き込むこととします（人数は自由。住まいは一緒でも分けてもよい）。

次に敷地から半径約100mのエリアから、住み手達を見つけてきていただきます。できるだけ具体的な人物像を捉えてください。（こちらは10年後ではなく、今の代官山エリアの中からピックアップしてきて構いません）

これが今回の設定です。あなたの家族・親族と、街の人々がともに暮らす、地域と繋がり、地域に開かれた集合住宅を計画してください。いま改めて、「家族が集まって住むこと」と、「地域の人々とともに住むこと」の可能性について提案してみて欲しいと思います。

是非とも、あなた達が感じる「今の実感」で「慣習にとらわれない」リアルな住まい方を考えてみてください。

設計条件
場所：東京都渋谷区猿楽町
用途：集合住宅＋α（両親が所有する土地への、賃貸住宅も含めた形での建て替え）
敷地面積：472.15m²
用途地域：第2種低層住居専用地域
建蔽率：80%（設定）
容積率：200%（設定）
高さ制限：12m
構造：自由

出題教員コメント
本課題は、代官山駅近くの山手通りから一筋入った一画に計21人のための集合住宅を設計するものです。自分達が感じる「今の実感」で「慣習にとらわれない」リアルな住まい方とは何かを考えながら、「家族が集まって住むこと」「地域の人々とともに住むこと」の可能性についての提案を行なうことを求めています。具体的な住人設定など、個別解としてのリアリティを求めつつも、そこから普遍となる解を導き出すことを期待しました。［**寶神尚史**（非常勤講師）］

日本女子大学 家政学部 住居学科
建築デザイン専攻 2年生［課題出題時］

小林春香 | Kobayashi Haruka

まどから出会う21人の家

街とくらす21人のための街と住戸との境界のつくり方を提案する。コンクリートの外観とは対照的な木仕上げの内部空間は、21人の住民とその関係者のみ出入りできるシェアスペースである。そこに面する出窓から、新たな人、モノとの出会いが生まれる。中央吹き抜けの大空間は屋上へと抜け、関係者が多様化するにつれてコミュニティーの輪が徐々に中から外へ広がっていく様子を建築的にも表現した。

指導教員コメント

本案は「街とつながる窓」、「人とつながる窓」、という2つの開口部をコンセプトにしたことで、「街のスケール感」と「人のスケール感」に対して設計提案が出来ています。またコモンスペースを木仕上げにしたことなどで感じられる、内部空間へと誘い込む設計も評価されました。ともすれば図式的な操作になりがちなパブリック、プライベート、コモンという建築計画学を、具体的な空間に落とし込めていることが本案の魅力です。
［實神尚史（非常勤講師）］

自分と家族、親戚（代官山ビジター）	自分(29) A住戸住人 建築の仕事に従事	おじ(68) おば(65) E住戸住人 旅好き夫婦
代官山ファミリー	男性(38) 男の子(3) 女性(40) G住戸住人 ギタリストの父親とファッションデザイナーの母親	
代官山ワーカー	女性(32) H住戸住人 トリマー、犬好き	男性(53) I住戸住人 珈琲店経営　男性(26) K住戸住人 アパレル店員

10年後を想定する。居住者は、自分とその家族・親戚、そして代官山に住むファミリー、代官山で仕事をしている人々の3種類を混在させ、多様な年代、職種の人々が集まる「代官山の縮図」とも言える設定にする。

「代官山の縮図」となる住人設定

審査員コメント

最初に目についたのは素材の使い方です。普通につくれば木造になりそうな形ですが、コンクリートと木の仕上げを使い分けています。素材の力は強く、外に対しては遮断し、中でつながりを持たせるということが表現されています。外とは素材ではっきり仕切るけれど、少し隙をつくるという意図で、外壁には少なめの開口が開けられています。その点でも、木造よりコンクリートの方が良かったのだと思います。［小西］

3階平面図

2階平面図

配置図兼1階平面図 | S=1:500

日本女子大学 | 家政学部 | 住居学科 | 居住環境デザイン専攻・建築デザイン専攻 | 小林春香 | 入選

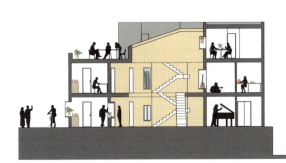

X-X'断面図 | S=1:300

38 文化学園大学 | Bunka Gakuen University

造形学部｜建築・インテリア学科｜住生活デザインコース

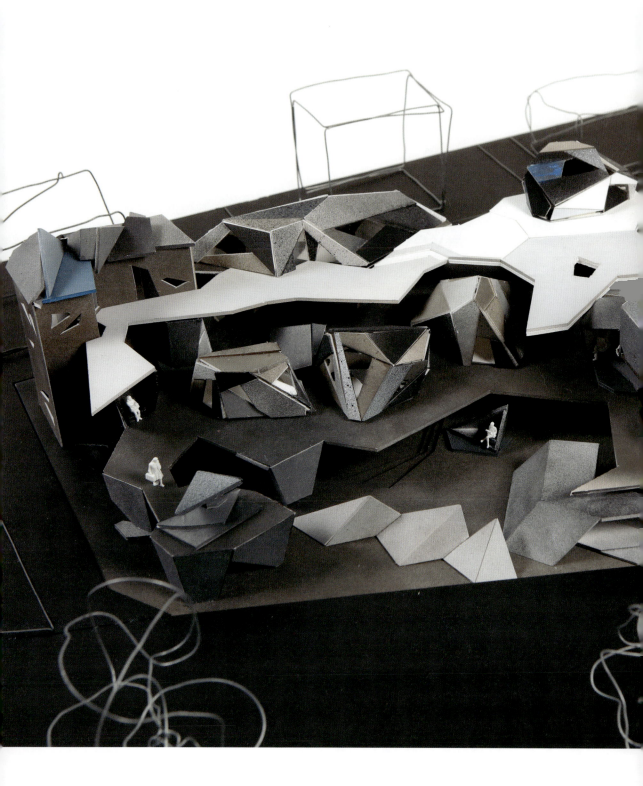

課題 ○○のある低層集合住宅 [3年生 | 2017年度 | 住生活スタジオⅡ]

出題教員：龍口元哉　　**指導教員**：龍口元哉、久木章江

都心の住宅地に建てる低層集合住宅（賃貸型）を計画します。実際の敷地を想定し、設計の手順、建て主へのプレゼンテーション手法など、実践的な計画の手法も学びます。優れた集合住宅には、心地よいコミュニティを生み出す豊かな共用空間や住戸間の関係など、具体的な工夫がみられます。今回の課題では、集合住宅に付随する施設（空間）を各自が自由に提案し設計します。提案する＋αの空間（○○のある…）は、居住者同士のコミュニティのみならず周辺住民や地域・街に対しても新たに関係性が生まれる事を期待しています。現代における、家族・コミュニティ・住居形態の多様な在り方を考察しながら取り組み、これからの私達にふさわしい集合住宅を自由な発想で提案して下さい。計画敷地は、都心にありながら遊歩道に面した緑の多い恵まれた環境にあります。室内空間の関係性だけではなく、外部空間との関係、周辺の自然環境との関係にも考慮した計画を期待しています。

敷地条件
場所：東京都渋谷区西原1丁目　敷地面積：1,189m^2
用途地域：第1種住居専用地域（建ぺい率：60％、容積率：300％）　高度地区：第3種高度地区（高さ20m制限）
防火関係：準防火地域　その他：日影規制時間4－2.5時間（GL＋4.5m）

課題条件
建築用途：集合住宅（賃貸型）＋付属施設（各自提案）
建築面積：600－700m^2（建築基準法による許容建築面積：713m^2）
延床面積：900－1,000m^2
　…下記1）、2）の床面積合計（建築基準法による許容床面積／道路幅制限あり：2,187m^2）
階数：地上3階建以下…必要に応じて地階を設ける事は可能
構造：鉄筋コンクリート造、一部鉄骨造可
規模：
1. 住戸：約800m^2（計10－15戸）
    - 住戸タイプ（単身用、家族用など）は、各自が全体計画の提案に合わせて自由に設定して良い。
    　但し、住戸数については10戸以上計画する事。
    - 住戸タイプの例：Aタイプ…約40m^2×4戸、Bタイプ…約60m^2×4戸、Cタイプ…約80m^2×5戸
    　合計＝13戸、800m^2。規模（面積）は大まかな目安とし、生活スタイルに合わせて計画する。
    - 住戸用のエレベーターの設置については、各自の全体計画に合わせ検討する事。
2. 提案する＋αの空間（○○のある…）：約50－100m^2
    - 例えば、共用部として住民が利用するホールや集会場、あるいは周辺にも開かれ住民以外の人達も
    　利用できる店舗、ギャラリー、保育施設などの設定を各自が考える。
    - 居住者のみの利用もしくは外部からも利用できる施設機能にするかは、自由に設定する。
    - また、計画する施設を1つのまとまったスペースにするか、もしくは分散されたスペースにするかの配置計画は、
    　住戸スペースとの関連性も考慮し全体の計画内容に合わせて検討する。
    - 周辺環境（特に遊歩道）や敷地内の外部空間との繋がりにも十分考慮する事。
    - ＋αの空間については「バリアフリー新法」に準じた計画とする事。
3. 公開空地：約250m^2
    - 周辺環境に解放されたスペースとして提供する。
    - 可能な限り植栽を施し、遊歩道を通る歩行者が自由に利用できる空間とする。
4. 駐車スペース：3台分（その内1台分は来客者用）
    - 緑道に面した道路以外（北側、東側道路）からのアプローチとする事。
    - 屋外、建物内設置はどちらでも良い。（地下駐車場は設けない）

出題教員コメント
新宿から2駅先の幡ヶ谷駅から近い敷地に小さな地域施設を含む集合住宅を計画します。家族や居住形態のあり方を考えながら、共用空間や住戸間のより良い関係を導いて小さな街をつくるような課題です。また、南側に桜並木が美しい緑道がある恵まれた敷地環境を生かすことを重視しています。それまでの課題での室内や敷地内を重視する段階から踏み出して、都市的な生活や総合的な環境形成の方法について考えさせる意図があります。［龍口元哉（非常勤講師）］

文化学園大学 造形学部
建築・インテリア学科 住生活デザインコース 3年生［課題出題時］

村田優人アンジェロ功一 | Murata Yuto Angelo Kuichi

無のある低層集合住宅

「何もないこと」を共有するための深閑としたパブリックスペース。不規則な造形と沈黙の中に利用者自身が居場所を見つけ、自分の時間を手に入れる。個人を無理に引き合わせることはせず、その人の望んだ距離感を建築が護る、そこに心地よい無関係が生まれることを期待する。人疲れする社会人、学生達が社会の喧騒を忘れ、羽を休めるための小さな非現実空間。足音以外は立てないように。

指導教員コメント

この作品は出題者の意図を良い意味で裏切ったコンセプトでした。あえて住民同士や周辺とのコミュニケーションを積極的に図るのではなく、個々の人間が互いに干渉せず時間を共有する事から生まれる「有」を計画しました。現在の世相を単に表現しただけではなく、人間の本質的な生き方への問題提起であった事を評価しました。住まいとしてのあるべき姿をもう少し掘り下げて密度のある表現が出来れば説得力のある作品になったと思います。［龍口元哉（非常勤講師）／久木章江（教授）］

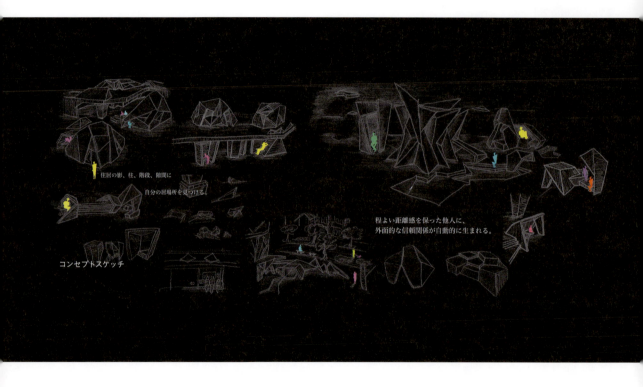

コンセプトスケッチ

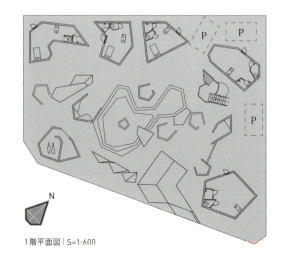

1階平面図 | S=1:600

2階平面図

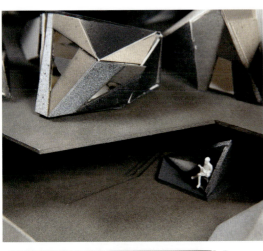
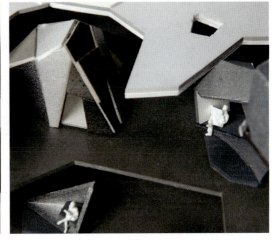

断面図 | S=1:600

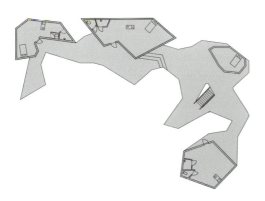

3階平面図

審査員コメント

「ないからこそある」という哲学的な思想で考えられている作品です。目に見えるものや利便性に縛られず、音・気配・匂いを拠り所に、多くの人が集まって住むと何が起こるのかといったところを目指しているようです。しかし、平面を見ると各部屋の設備が整っていて意外と住みやすそうだったりする。当たり前に考えている家というものと、目指したことがせめぎ合い、消化しきれていないもどかしさを感じますが、設計の立ち位置には共感を覚えました。[中川]

39 法政大学 | Hosei University
デザイン工学部｜建築学科

課題 Tokyo Guest House ［3年生｜2017年度｜DS5 下吹越ユニット］
出題教員：渡辺真理、下吹越武人、後藤 武、Zeuler Lima　　指導教員：下吹越武人

佃島の運河沿いに民泊を共同経営するコーポラティブハウスを計画します。世界中を旅した強者バックパッカーとその家族が共同でドミトリー形式のゲストハウスを経営するという設定です。

宿泊客は日本人よりも多国籍な外国人が中心です。滞在日数も数日から数か月と多様な過ごし方が想定されます。宿泊者同士やオーナー達との交流を促し、世界を語り合い、文化を共有する魅力的なコミュニティの場を構想して下さい。また、佃島は東京固有の濃密な都市空間が現存する魅力的な地域環境が広がっています。この課題では、ゲストハウスを旅人達のワールドワイドなコミュニティと地域コミュニティを結ぶ、新しい「まちのラウンジ」として構想して下さい。

ヴェンチューリが提唱する「複雑な全体性(ディフィカルト・ホール)」は単体の建築より現実の都市空間をイメージした方が掴みやすいかもしれません。しかし、建築である以上、複雑な事象や状況を捨象することなく包含したまま統合し全体性を獲得することが責務だと述べています。プライベートからコモン、パブリックといった領域やスケールが重層的に絡み合い、住処であると同時に都市そのものでもあるような、新しい建築の提案を期待しています。

敷地
東京都中央区1丁目
敷地面積：約728m²（北西2面道路、高低差なし）
用途地域：第2種中高層住居専用地域、80／400％

設計条件
・5家族が集まるコーポラティブハウスを計画する。家族はそれぞれゲストハウスの世話人として関わる。提案に相応しい具体的な家族構成を各自で設定する。
・ゲストハウスの定員は50人程度（1家族が10人程度を担当）とする。
・宿泊者用のキッチン、シャワー、トイレは共同とする。
・宿泊者用ラウンジは地域住民も利用可能な設定として地域開放する。地域住民が世話人としてゲストハウスに関与する運営形態もあるだろう。オーナーと宿泊者、地域住民の交流を促すプログラムと空間を提案すること。
・宿泊者用ラウンジに隣接する、あるいは一体的な地域コミュニティ施設を計画する。
・オーナー家族や宿泊者のプライベート空間に配慮した居住性を確保する。
・構造形式は自由。
・延べ面積1000m²程度（オーナー住戸400m²、ゲストハウス400m²、地域施設200m²）
　ただし、各面積は各自の提案内容に合わせて柔軟に補正すること。

出題教員コメント
この課題はヴェンチューリの『建築の多様性と対立性』を指定図書としています。4人の教員がそれぞれ課題を用意するので、出題時に "Complexity and Contradiction" という概念の多角的な読み方が提示されることになります。1966年に発表された本が現在もなお多様な議論を可能にしているだけでなく、"in Architecture" を "in Housing" に置き換えるだけで新たな気付きが得られることも面白いと感じています。［下吹越武人（教授）］
▶ 課題出題教員インタビュー p. 244

法政大学 デザイン工学部 建築学科 3年生［課題出題時］

不破駿平 | Fuwa Shumpei

Tokyo Guest House
──佃の街の新しいコミュニティ空間──

佃の都市空間を残しつつ、外国人向けゲストハウスという新たな要素を迎え入れ、街全体を巻き込んだ新しいコミュニティの場を創り出す。佃の町割りや路地空間をプランに取り入れ、また敷地に接する道を敷地内に移設し、路地を再生することでこれらの路地や道をオーナー、ゲスト、地域の人々の新たな交流の場とした。

指導教員コメント

佃のコンテクストを読み取り、それらの応答によりまちに開かれた住処を構想した案です。現況の前面道路が古い路地と敷地後退によって成り立っていることを突き止め、道路を建物内に付け替えることによって全体を構成しています。新しい道路はコミュニティ空間となり、復活させた古い路地は近隣とのバッファとして機能させています。連続切妻屋根の下に木密地域の濃密な生活環境が継承され、"Complexity"を獲得していると評価しました。［**下吹越武人**（教授）］

設計ダイアグラム

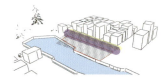

木造住宅が立ち並ぶ佃の街において、910グリットを採用し、敷地に敷き詰めこれを基盤とする。敷地の前の道路は、本来の路地幅に道がくっついた状態。人通りもなく、佃の街のスケール感が失われてしまっていた。

路地に併設させていた道を、敷地中央に移設して、佃本来の路地空間を再生させる。移設した道で今年新たに整備された公園と、佃の街を繋ぐことで街全体を巻き込んで新たなコミュニティを創り出す。

大きな一つのボリュームから、佃のきれいに分割された街区形成と、初めに決めたグリッドに従い、ボリュームを分割することで、小さな路地からの視線や導線を道や水辺まで通す。

水辺には皆がたまれるテラスを設置して、水辺の空間をかつての活気ある空間へと変えていく。またかつて漁師町であった頃の佃の街並みの特徴であった切妻屋根を採用した。

平屋では面積が足りない。人が暮らせるスペースを確保するため必然的に切妻屋根の傾斜があがる。そのことによって公と私の形態的に分離させることができる。佃の街の読み取りを大切にし、佃の都市組織を壊さずよみがえらせながらゲストハウスという新しい形で、より佃の街の人が豊かに暮らせるような環境を創り出す。

審査員コメント

こういうプレモダンな低層集合住宅を佃に計画するということが私にはよく分かりませんでした。これからはタワーマンションではなく、木造のこういうコミュニティで暮らすんだという社会に対する構えと、製図的なスキルはあると思います。しかし、手書き風のCGや910のモジュールをなぞって何となく配列したようなプランが表層的に感じられ、この場合提案はどこにあるのか、考えさせられた作品です。[藤村]

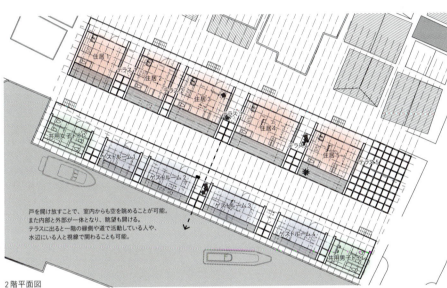

2階平面図

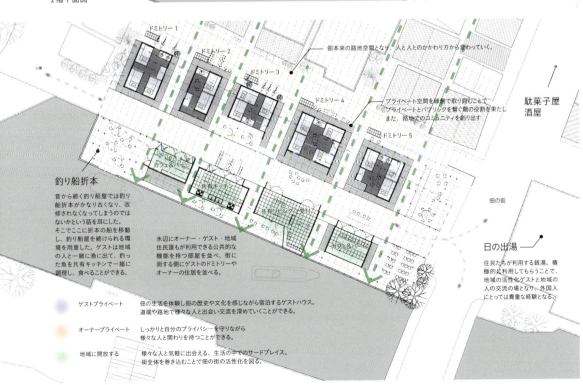

配置図兼1階平面図 | S=1:500

40 前橋工科大学 | Maebashi Institute of Technology
工学部 | 建築学科

課題 水路のある低・中層集合住宅の設計 [3年生｜2016年度｜建築設計Ⅳ・第1課題]

出題教員／指導教員：石川恒夫、木島千嘉、石黒由紀

・サスティナブルで、周辺環境（住民）・自然環境に配慮した、集まって住むかたちを提案する。私たちの暮らし方を見つめなおしつつ、それがいかに多様であるかを意識してほしい。地域によっても、職業によっても、家族構成によっても、また自分自身の人生の遍歴のなかで、住まい方は変わるもの。とはいえ、建物は臨機応変に変化に対応できるわけではない。秩序をもつ構造（架構）形式が不可欠だからである。はたして暮らしを柔軟に許容する計画はいかに可能なのだろうか。お決まりのLDK形式に私たちのほうがあわせなければならないとしたら、住まいは何のためにあるのだろうか。この課題では、住戸面積・形態およびライフスタイルに着目しつつ、多様で自然に接した住まい方を目指した集合住宅を提案してほしい。

・敷地はグリーンドーム前橋の北側に位置する風呂川が南北に横断する閑静な、かつ史跡がある岩神町の住宅地。馬頭観音碑をはじめ、前橋機械製糸場跡が近くにあり、看護士養成学校もある。県庁が望める立地でもある。いかなる場所も歴史をもっている。それをいかに未来に継承できるだろうか。風呂川は広瀬川の支流で川幅は2mの用水路に近いサイズだが、水量は豊富で、浸水性の高い緑豊かな気持ちのよい風景をつくりだしている。休日の過ごし方も含め、生活の仕方も提案してほしい。

与条件

敷地：広瀬川河畔　前橋市岩神町1丁目　第一種住居地域 60％/200％　風致地区（建物高さは15mまで）
※今回はしかし12mまでとし、道路境界線からの後退距離は2m以上（そのほかの隣地境界線からの後退は1m以上）　緑化率（敷地面積に対する緑化面積の割合）1/10以上（屋根緑化も可）

敷地面積：約1,507.44m²（水路面積は除く）。南北でおよそ3mの高低差がある。
計画規模：共同住宅25戸　延床面積：約2,500m²　構造：原則RC造　階数：地上4階以下　地階はなし
駐輪台数約60台　駐車台数3台[出入りは北側道路＝幅員5.8mからのみ。なお敷地南側には広大な駐車場あり]

住戸計画：2,000m²程度　約30-50m²×5戸前後、60-80m²×15戸前後、90-110m²×5戸前後
※各自で提案すること　設備EV（台数適宜）電機設備室約50m²　ゴミ置き場　PS、EPS、個別冷暖房形式、直通避難階段（2以上）　管理人室は不要、集会室40m²、小店舗／ギャラリーは自由提案　廊下、エントランス等

出題教員コメント

前橋市北部に位置する敷地は赤城山に向かってなだらかに傾斜しています。南には県庁の高層棟を望むことができます。周辺は閑静な2階建ての戸建て住宅が並び、風呂川が敷地を横断しています。岩神町という町名が暗示するように神話的過去をもち、近代の製糸場跡地にも近接しています。このような場所に耳を傾け、この敷地や設計与条件から生まれ出づるものをすくいあげること、それは建築家になるための一つの行なのです。[石川恒夫（教授）]

前橋工科大学 工学部 建築学科 3年生 [課題出題時]

高屋敷友香 | Takayashiki Yuka

小川とともに暮らす──せせらぎ集合住宅──

グリーンドーム前橋の北側に位置する風呂川が南北に横断する敷地。各住戸に入るまでや窓から外を眺めるときなど、日常生活の中で自然を感じながら暮らしてゆける集合住宅を提案する。より景色を楽しみながら、通勤帰宅等できるよう、住戸間や階数はスロープでつなぐ。上下の関係を曖昧にさせ、回遊する楽しさのある空間をつくりだし、住人同士の交流を生む。

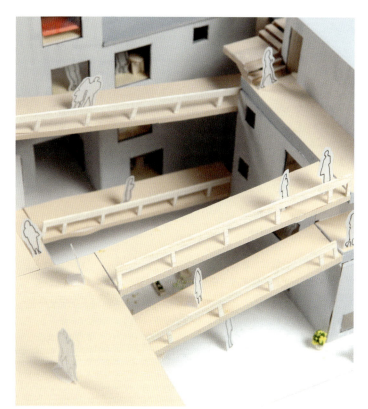

指導教員コメント

集合住宅において、どこまでをコミュニティの外部もしくは内側として捉えるか、ということは構成に大きく影響します。本敷地に貫入している小川は、産業に活用されてきた一方、ペットのように人間の生活に寄り添ってきた、優しくて弱い外部です。高屋敷案はその小川に対して、動線として立体的になだらかに巡るスロープを絡めることで、経路上の隣人と弱い外部をゆるく共有し、親密でありながら程良い距離感の領域を配置していく試みです。コミュニティにおける境界のあり方、人間の距離と密度、現代的なコミュニティの快適な規模単位、といったことも考えさせられます。[**石黒由紀（准教授）**]

4階平面図

3階平面図

2階平面図

審査員コメント

水路をどれだけ取り込みながらつくるかが主題だと感じました。変化する風景に意識があるのはすごく良くて、スロープのあたりは何気なく歩いているところに水路を取り込みたいという意図がよく表れています。水路の反対側のボリュームは、水路に対してもう少し違った向き合い方ができそうです。水路側のボリュームのように開放的なところが反対側にも出てくると、もっと良かったのではないでしょうか。[前田]

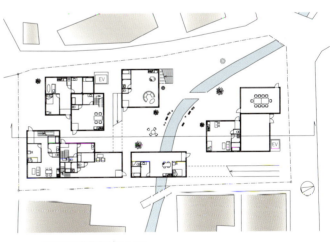

配置図兼1階平面図 | S=1:800

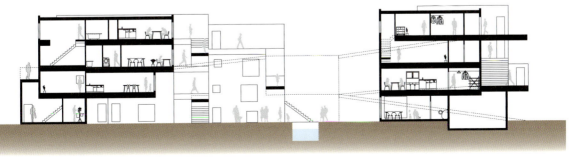

断面図 | S=1:400

41 前橋工科大学 | Maebashi Institute of Technology
工学部 | 総合デザイン工学科

課題 前工大学生村 ──集まって住む楽しさのデザイン──

[2年生｜2016年度｜デザイン演習Ⅱ・課題3]
出題教員／指導教員：松井 淳、稲見成能、橋倉 誠

前橋工科大学正門付近の南に面する敷地に、「学生寮機能」と「その他の機能（各自で提案する機能）」からなる、「前工大学生村」をデザインする。

近年ではシェアハウスのような「集まって住む」ことのメリットを活かした居住形式が流行の兆しを見せており、特に若者達にとっての住まいに対する概念に多様性が生じているようである。そのような現状を踏まえると、元来集合住居形式の建築の中でも、集まって住むことの良さや楽しさをそのデザインにおいて最も発揮し易いものといえる学生寮は、新たな可能性を秘めたデザインの対象として見直されるべき存在ともいえよう。

また、学生寮の「新たな可能性」を考えるとき、住居機能以外の機能との融合を果たすこともその方向性の一つと考えられよう。敷地条件を見れば、大学キャンパスに接し、またまちにも相対していることから、それらの条件を踏まえた機能の設定が有効かもしれないし、あるいは学生の新しい住まい方からの発露として新たな機能が必要となるかもしれない。

いずれにしても、目的を同じくして集まった者達が共に暮らす「束の間の仮住まい」とも言うべき「寮」という住居形式が、現代においていかにあり得るか、また「集まって住む」ことの楽しさとは何かについて充分に追求された結果としての「前工大学生村」の提案を期待する。

与条件
（1）敷地：敷地面積：1,095m^2／建ぺい率80％以下とする。
（2）施設規模・構造形式
　・学生村の総延床面積は 800-1,000m^2 を目安とする。
　・構造形式は RC 造、又は鉄骨造。建築概要に明記のこと。
（3）学生村全体について
　・学生村は、「学生寮機能＋その他の機能（各自で提案する機能）」で構成されるものとする。
　・当施設の利用者は本学学生を基本とするが、各自の設定によりその他の者も利用者となり得る。
　・当施設においてどの様な「生活のストーリー」が展開される可能性があるか、利用者相互の関係や
　　大学キャンパスとの関係、あるいは周辺地域との関係等から考察し、各自提案する。
　・「学生寮機能＋その他の機能」は、一体的な建築空間として計画することが望ましい。
　・敷地へのアクセスは南側道路からを必須とする。
　　加えて北側及び東側からの敷地へのアクセスについても可とする。
　・居住者数と同数以上の駐輪スペースを設けること。またサービス用駐車スペースを1台分設けること。
　・設備・機械室を延べ床面積の10％程度設けること。
（4）学生寮機能について
　・入寮学生は本学学部生・院生20名以上とし、男女比とともに各自で設定し、コンセプトに明記する。
　・居室形式や規模に関しては各自の提案に任せる。
　　施設全体の規模や生活のストーリーに応じた適切な形式（個室、相部屋等）を選択する事。
　・共用部分の機能（食事関係、入浴関係、衛生関係（洗面所・便所・洗濯場）、学習関係、
　　休憩・レクリエーション関係、管理関係（管理人室・メールボックス等）等）及びそれらの規模に関しては、
　　生活のストーリーに応じて設定し、コンセプトに明記すること。
（5）その他の機能について
　・学生寮機能（住居機能）の他に、この学生村に望まれる何らかの機能を提案し、
　　生活のストーリーを踏まえて学生村全体を一体的なものとしてデザインすること。
　・その他の機能の規模や、屋内・屋外の別については任意とする。

出題教員コメント
本学キャンパスの東南に接する敷地に20名以上で居住する「学生寮機能」と「設計者が任意で提案する機能」からなる「学生村」をデザインする課題です。「集まって住む」ことの良さ・楽しさについて考えさせながら、寮生の生活ストーリーや空間とプログラムの双方がキャンパス側と地域側にもたらす関係性を提案させることを狙いとしています。[**稲見成能**（助教）]

前橋工科大学 工学部 総合デザイン工学科 2年生［課題出題時］

大木有菜 | Oki Arina

内と外、外と内

敷地に隣接する前橋工科大学は、住宅地の中にあることから地域の人々が散歩に訪れている。学校というハコの中での様子は、外からでは見ることができず、内と外の明確な境界ができている。内と外、公と私、あっちとこっち…対立するものの境界をあいまいにし、人々の繋がりや自由な活動を促したい。

指導教員コメント

正方形平面の直方体の一部が欠けた居住ユニットです。単純で明解な構成ですが、微妙な角度をもち配置される時、多様な活動を受け入れる場となります。1階部ではユニット間にできる隙間が残余空間ではなく、ユニット内の空間と連続して公共性を持った空間として活用されます。2階の居住ユニットはテラスで繋がれます。従属的空間が主空間となるような空間の転換が見られ、内と外、公と私が曖昧に混在する良い計画であると評価しました。［**松井 淳**（教授）］

設計ダイアグラム

配置図と4つのプログラム

communicate
寮生、学生、地域住民など
様々な人がゆるやかにつながり
自由な活動を行う

lecture
大学での講義や講演会を
地域住民にひらく

exhibition
前橋工科大学の学生による
課題作品の展示

common
学生寮の共用部分であり
寮生が常に利用できる

イメージする空間体験

公と私の境界をなくしてみる

不均質な空間

さまざまな人が行き交う

偶然に期待する

誰かがいる安心感

学生だからできる経験

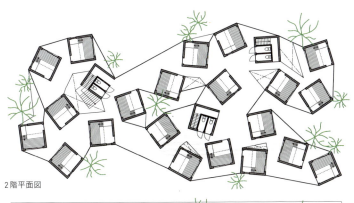

2階平面図

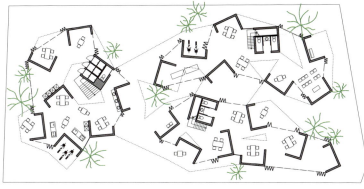

配置図兼1階平面図 | S＝1:500

41 ｜ 前橋工科大学 ｜ 工学部 ｜ 総合デザイン工学科 ｜ 大木有菜 ｜ 入選

審査員コメント

ポイントは1階のコの字型の壁ですね。少し変形していて、左右の辺の長さが違うんです。簡単な操作で1階につくられる隙間が多様になる。その壁が色々な方向に向き、2階の床で束ねられることにより非常に安定した構造になっています。一体化して空間が生まれているという意味でも、かなりプロっぽい構造の解き方だと思いました。［小西］

42 武蔵野大学 | Musashino University
工学部｜建築デザイン学科

課題 働きながら住む10世帯の空間　[3年生｜2017年度｜設計製図3・第1課題]

出題教員/指導教員：水谷俊博、伊藤泰彦、大塚 聡、藤野高志、松島潤平

敷地は、吉祥寺の中道通り沿い、吉祥寺西公園に面している。吉祥寺の中心から西側へと中道通りを進むと、賑やかな商業地から閑静な住宅地へとゆるやかに変わっていく。計画地近くに、中道通りの商店街のゲートがあり、人の行き来も多く住宅地と商業地の2つの街のエッジに位置しているといえるであろう。吉祥寺西公園は、中心市街地には程良い広さなのか、周辺の雰囲気のある店舗のためか、住民や買い物客がくつろぐ場となっているようである。

本課題では、「働きながら住む10世帯の空間」を計画する。住人の設定や働き方は、自由に設定してよい。在宅勤務の就労者や個人事業主のためのSOHOでもよいし、店舗などの住居以外の機能を併設する住宅でもよい。ただし、住人の仕事は世帯毎に独立していることとし、住人が入れ替わる可能性も考慮すること。また、必要に応じて、住人同士の共用空間や周辺住民、あるいは吉祥寺を訪れる買い物客や就業者のための空間を設けること。集合住宅という既存のビルディングタイプにとらわれず、「今ここに集まって住むこと」の可能性を再考し、課題に取り組んで欲しい。

敷地条件
計画地：東京都武蔵野市吉祥寺本町／敷地面積：1131.97m²／用途地域：第1種住居地域
防火指定：準防火地域／建蔽率：60%／容積率：200%／周辺道路状況：北側 5.50m、西側 4.20m
その他の指定：第2種高度地区
※実際の設計においては現行建築法規の中で、建築面積、延床面積、高さ制限等諸々の規制があります。本課題においては特に縛りを設けませんが、留意してください。

計画条件
主要用途：働く場所併設の住空間×10世帯
住人数：世帯毎の住人数は、各自設定すること。
業務空間：世帯毎の業種や設備は、各自が設定し提案すること。
世帯毎に独立した業務空間を条件とするが、別途共有の空間を設けても良い。
構造：各自検討し、提案すること。
附帯機能：必要な外部空間を各自計画し、敷地内をデザインすること。2面の通り、公園との関係を検討し、計画に活かすよう期待する。

出題教員コメント
この課題には、「今ここに集まって住むこと」の可能性を考えて、独自の都市居住のカタチを構築して欲しいという狙いがあります。吉祥寺の中で住宅地と商業地のエッジに位置し、商店街や公園に隣接する敷地設定、そして生業と住まいを組み合わせたプログラム設定が、発想の手掛かりとなるはずです。そのどこに学生が飛びつくのかをまずは見て、学生にはその一つひとつをどう計画に昇華していくかを求めています。[伊藤泰彦（教授）]

武蔵野大学 工学部 建築デザイン学科 3年生［課題出題時］

秋元晴奈 | Akimoto Haruna

記憶の継承
吉祥寺は様々な年代の人が住む街であり、多くの作品の舞台となってきた。そこで本敷地が新たな舞台となるような計画として、高齢者と作家が共生する集合住宅を提案する。その2組の共生によって高齢者が体験してきた歴史は消えることなく継承される。

指導教員コメント

高齢者は語るだけで存在意義を発揮し、作家が生み出す本が地域の記憶を紡ぎ、街を訪れる人と関わりを持つ、といった一見空想的な提案です。しかし空想に終わることなく、屋根の架け方、そしてレベル差のある床・縁側の構成で、スケールの異なる人の関わりを空間のカタチにする意思を感じた作品でした。指導に関わる教員が、それぞれ観点が違いつつ評価が高い、印象深い作品です。[**伊藤泰彦（教授）**]

設計ダイアグラム

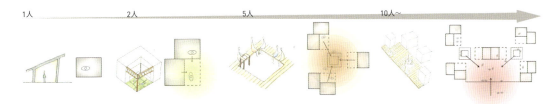

| 1人 | 2人 | 5人 | 10人〜 |

壁で閉ざされた一人のためのプライベート空間

高齢者と○○の2人でひとつの屋根をかけ、2人のための共有の第2のリビングが出来上がる。

5人のための内向きの縁側で住民同士の交流が生まれる。

公園側では10人の住民と公園に来た人で交流が生まれる。人通りの少ない公園と反対の縁側では地域住民との交流の場となる。

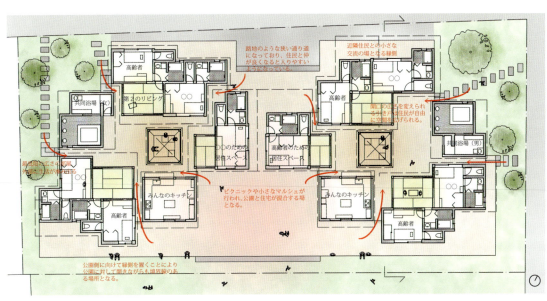

配置図兼平面図 | S=1:400

断面図 | S=1:300

審査員コメント

敷地がある吉祥寺は住民の約3割が高齢者であることをヒントに、10世帯のうち半分を高齢者として、若い人とペアを組んで住むという破天荒な設定の集合住宅です。ただ、最終的に出てきた形が縁側で集まって暮らしていくということで、フィクションの設定を上手く活用しきれていないところが残念でした。フィクションを設計のエンジンとして、もう少し積極的に活用しても良かったと思いました。[中川]

43 武蔵野美術大学 | Musashino Art University
造形学部 | 建築学科

課題 成城プロジェクト─住宅＋αの新しい可能性を提案する─

[3年生｜2016年度｜設計計画Ⅲ]

出題教員：布施 茂　　**指導教員**：布施 茂、三幣順一

世田谷区成城における住宅＋αのプロジェクトを企画、計画し、設計する課題です。建築の設計は、敷地、クライアントの設計条件など様々な要素が設計の手がかりとなります。小田急線の成城学園前駅と喜多見駅のほぼ中間に位置する敷地は、野川に面し、対岸に公園が広がる眺望のよい地域です。この恵まれた周辺環境における住宅＋αの用途（アトリエ、事務所、店舗、長屋、その他）を企画・計画すると同時に、建築的テーマを設定して下さい。そのテーマに基づき、住宅＋αの用途を併設する事で出来る住宅の新しい可能性を提案して下さい。

設計条件
所在地：東京都世田谷区成城4丁目（小田急線成城学園前駅徒歩13分、喜多見駅徒歩11分）
敷地面積：180.54m²
用途地域：第一種低層住居専用地域（建蔽率：50％、容積率：80％）
前面道路：北側5m、西側5m
高さ制限：道路斜線、隣地斜線、北側斜線、第2種高度地区
防火地域：準防火地域

設計与件
延床面積：120m²－144m²（建築基準法の範囲内）
用途：＋αの用途を自由に想定すること（50m²以下）
計画部分：アトリエ、事務所、店舗、長屋等自由に設定すること
家族構成：自由に設定すること

出題教員コメント
建築が成立している現実社会について問題意識をもって設計に取り組み、新しい可能性のある設計提案を考える課題です。住宅＋αの用途を契機にして、周辺環境との関係、空間の分節・統合、仕上げ、生活等について今までの常識をシフトするような新しい可能性を探ります。課題に対するテーマを自主的に設定し、各自の設計提案をプレゼンテーション出来ることを到達目標としています。[**布施 茂（教授）**]

武蔵野美術大学 造形学部 建築学科 3年生[課題出題時]
渡邉 和 | Watanabe Yamato

崖のある家
混沌とした都市の中で心身を守る最後の砦が住宅である。本計画ではプロクライマーの夫と、同じくクライミングを趣味に持つ妻二人が暮らす住宅に、クライミングジムを＋αとして計画した。コンクリートで囲まれた住宅が内部に孕むのは空を切り取る10mの岩壁だ。住宅内部に展開する世界は、住まい手の希望と成り得るか。

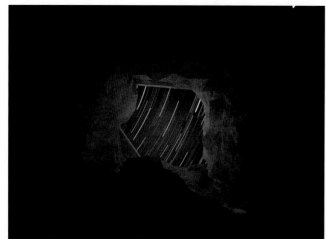

指導教員コメント

住宅＋αという課題テーマに対し、箱形のRC造の住宅の中にフリークライミングの練習場を設ける独創的な回答の案です。コンクリートの塊から刳り貫かれた不形成な山登りの孔が、中庭や見晴し台などの要素を異形の造形美に昇華させ、自然に恵まれた課題設定敷地の周辺環境を、内部に取り込んでいます。日常生活と非日常が隣合せの複雑な空間構成は、機能的な合理性から導かれ、コンセプト、プラン、プレゼンの全てが秀逸です。[**三幣順一**(非常勤講師)]

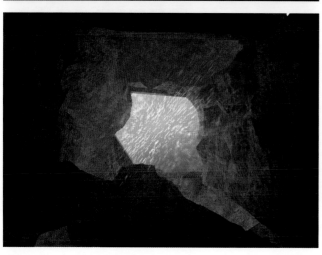

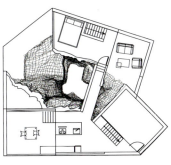

GL+7200平面図

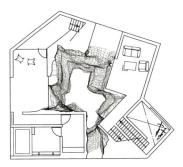

GL+4500平面図

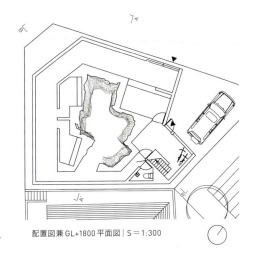

配置図兼GL+1800平面図｜S＝1:300

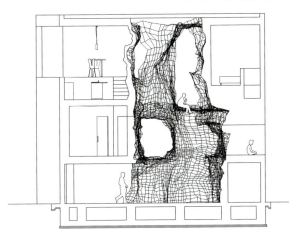

A-A'断面図｜S＝1:200

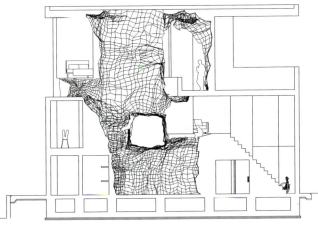

B-B'断面図

43 ｜ 武蔵野美術大学 ｜ 造形学部 ｜ 建築学科 ｜ 渡邉和

藤村賞

審査員コメント

絵で設計する人の良さが出ている作品です。部分的な情景の集積でできていますが、それが全体像と調和しているところが面白いと思います。ボリュームや隣家の高さは手早く決め、自分が思い浮かべるショットパース的な空間を部分調整しながら、馴染ませるように設計していったようです。住宅をこういう風に設計することもできるんだな、ということを気付かせてくれる、発見のあるプロジェクトでした。［藤村］

44 明海大学 | Meikai University
不動産学部 | 不動産学科 | デザインコース

課題 今日的な役割を持つ共用住宅（シェアハウス）

[3年生｜2017年度｜設計・製図A]

出題教員/指導教員：鈴木陽子、塚原光顕

計画地に「今日的な役割をもつ共用住宅（シェアハウス）」を企画・設計・プレゼンテーションしてください。

企画にあたっては、各自、課題1（『今日的な住まい』）について平面図・断面図・アクソメを用いて自由表現する。1／100、A3横使い）のテーマを継続することを心がけてください。また、「代官山ヒルサイドテラス・R-SARUGAKU・代官山蔦屋書店」を見学して感じた内容を、取り入れてください。

企画のポイント・条件

《居住者の想定》
・どんな居住者にするかを想定し、企画を立ててください。
　ただし、「20代の単身者」「シングルマザー世帯」「高齢者世帯」を必ず入れてください。

《住戸タイプの構想》
・住戸は2種類以上のタイプ・大きさのものを組み合せて計画してください。
・住まい手にあわせた計画を提案してください。

《周辺環境の活用》
・外部空間を取り込んでください。また北側の公園とどのように連続するか提案してください。

《独自性や問題提議》
・住居以外の用途・施設を加えることで、使われ方の提案をしてください。
　「こんな工夫が世の中に受け入れられそう。こんな機能がいままで足りなかった」

敷地・設計条件

・千葉県浦安市入船4丁目
・敷地は、26.00m×29.00m（＝754.00m^2）の大きさとする
・接道：平行する6m道路2面、4m道路1面に接道する
・建蔽率50％、容積率100％の指定地域とする
・用途地域：第1種低層住居専用地域
・階数：2階または3階建て
・床面積：500m^{2}程度（共用廊下、階段を除く）
・住戸数：6−8戸程度
・各住戸の面積：各自、企画にあわせて想定
・構造形式：鉄筋コンクリート（RC）、ラーメン構造または壁式構造

出題教員コメント

馴染みのある浦安の土地で今日的な社会問題に貢献できるようなシェアハウスを企画・設計する課題です。敷地は大学近くの住宅街にあります。内部プランの計画だけではなく、敷地内にコモンスペースを計画することを課題の条件としています。コモンスペースを中心に、シェアハウスの住民と近隣住民とが交流できる場所となるよう指導しています。また、不動産学部ならではのアイデアにも期待しています。[塚原光顕（特任准教授）]

明海大学｜不動産学部｜不動産学科｜デザインコース｜神友里恵｜入選

明海大学 不動産学部 不動産学科 デザインコース 3年生［課題出題時］

神 友里恵 | Jin Yurie

回遊的に繋がる共有住宅

シングルマザー世帯、高齢者世帯、単身者世帯、この3種の世帯は社会的弱者とされる。この弱者世帯が何か共通して楽しんで、協力し合えば住みやすい環境が成立するはずである。そこで私は、体を動かせる環境を提案する。この建物の中央には、芝生のミニコートがある。また屋上部分にも芝生があり、体を動かしたりゆっくり心を落ち着かせられる空間が揃っている。

指導教員コメント

シングルマザー、高齢者、単身者など、社会的弱者とされる人々がともに助け合いながら住むシェアハウスの提案です。住民たちが気軽にスポーツを楽しめるような建物と配置の計画になっています。共用部の中庭や屋上、壁は気軽にスポーツを楽しめる空間であり、回遊できるよう設計された共用廊下は、散歩にも適しています。平日は主に子どもたちや高齢者が、週末は単身者やシングルマザーたちもスポーツに親しむことができます。［塚原光顕（特任准教授）］

設計ダイアグラム

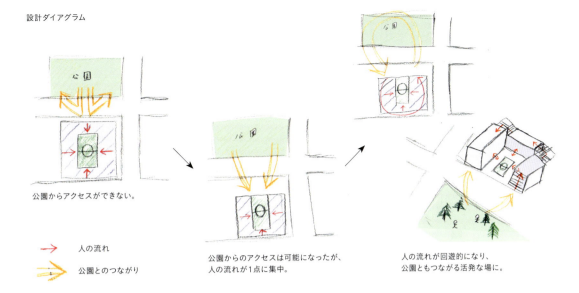

人の流れ
公園とのつながり

公園からアクセスができない。

公園からのアクセスは可能になったが、人の流れが1点に集中。

人の流れが回遊的になり、公園ともつながる活発な場に。

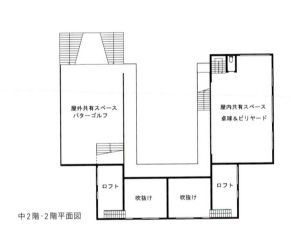

中2階・2階平面図

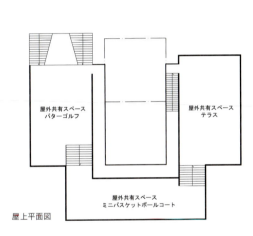

屋上平面図

公園

配置図兼1階平面図 │ S=1:400

審査員コメント

シングルマザーと高齢者と単身者世帯が住む住宅に、スポーツができる共有部分をつくるという建築の計画とあわせて、コミュニケーションをとることで住人の生活が豊かになる部分が表現できているともっと良かったと思います。敷地全体を見ると、手前の広場とボルダリングの階段との位置関係や、視覚的な広がりを意識したボリュームの配置等、まだ考える余地がありそうな気がしました。

［前田］

45 明治大学 | Meiji University
理工学部 | 建築学科

課題 目黒川沿いの集合住宅 ［2年生｜2016年度｜建築設計3・第1課題］

出題教員：大河内 学　**指導教員**：前田道雄

課題趣旨

・プライバシー、住まい手のライフスタイル、都市に居住することの意味、等を踏まえて計画する。
・敷地周辺の環境や文脈を読み解き、デザインに反映させる。
・設計条件を正確に把握し、機能的に解決する能力を身につける。
・設計の基本的なプロセスを理解し、スタディの具体的な方法を習得する。
・図面表現の能力を身につける。
・構造設計、設備設計に関する基礎的知識を習得する。

課題の内容

1. 敷地条件
　・場所：東京都目黒区青葉台2丁目
　・敷地面積：約500m^2
　・周囲の環境：東急東横線・東京メトロ日比谷線・中目黒駅徒歩5分。敷地の南側には、桜並木の連なる目黒川があり、北側には緑豊かな西郷山公園・菅刈公園が近接して立地する。南側は道路と目黒川（幅員合計約24M）に、東側と北側は幅員約6.4 − 8.5Mの道路に接している。西側には集合住宅などが建っている。
　・敷地形状：やや南北に長い長方形の形状。
　・高低差：敷地内はフラットである。

2. 計画条件
　・12世帯の集合住宅（共同住宅または長屋）を計画する。
　・延床面積：住戸専有面積合計800m^2（各住戸50 − 90m^{2}程度）とし、それに加えてコモンスペースを適宜設ける。（全体で1,000m^{2}程度を目安とする。）
　・70m^{2}以上の住戸には、2室以上を設けることとする。
　・アプローチや共用のエントランスを適切に計画すること。
　・駐輪スペース：10−15台（駐車場は敷地内に設ける必要はない）
　・各世帯が最低限のプライバシーを守りながら暮らせるように計画すること。
　・1階部分には隣接する沿道部との連続性を考えて、SOHO型住居やコモンスペースを計画して構わない。
　・南側の目黒川沿いの桜並木の街路との関係および東側・北側の道路との関係に配慮すること。

3. 法的条件等
　・用途地域：準工業地域・準防火地域
　・建ぺい率：70％（法定60％のところ角地緩和により70％）
　・容積率：200％
　・道路斜線制限（1:1.5）を遵守（南面幅員の東側への回り込みのため北側道路のみ適用される）
　・絶対高さ：高さは17m未満とする。（17m第二種高度地区）
　・避難：各住戸からは2ルート以上の避難ができるようにすること

4. 構造
　特に指定しないが、建築全体のフォルムや平断面との整合を考え、適切な構造形式を選択すること。

出題教員コメント

本学科では2年秋学期に12戸からなる集合住宅の設計課題を出題しています。周辺環境を読み取り適切にデザインに反映すること、プライバシーへの配慮を条件に、集合住宅内のコミュニティに対する説得力のある提案を期待しています。今年度は講評会での討議を経て大方君の作品を選出しました。目黒川沿いに散在する小さな店舗群を凝縮して集合住宅に取り込む。いわば街の縮図のような集合住宅を提案しています。実は課題の設計条件では、店舗を要求していませんでしたが、大方君の提案は良い意味で課題を無視して、大学の課題という枠組みから大胆にはみ出してゆく意欲と勇気を持っていたと思います。［**大河内 学**（教授）］

明治大学 理工学部 建築学科 2年生 [課題出題時]

大方利希也 | Okata Tokiya

植田賞

Art Box

アーティストが住まうことを想定したアトリエ付き住戸を設計する。「個」を強く建築に反映させ、集合住宅であるにもかかわらず各住戸が全く違うプランとなる。共同テラス、共同アトリエにより生活の一部をつなげることにより、強い「個」を確立しながらも一体的な空間を生み出す。アトリエはショップとしても使われ、街を歩く人々を取り込み都市のような集合住宅となる。

指導教員コメント

「Art Box」はボックスを積層するシンプルなシステムで組み立てられた建築の提案です。課題のプロセスではボックスの関係性が生み出す、魅力的な場や変化を許容する緩やかなつながり方を追求しています。都市的な視点から生活の展開まで丁寧に思考したシステマティックな建築を、フレームに収まりきれない荒削りな表現に結びつけていることが、建築の面白さや可能性を感じさせるとして評価されました。[前田道雄（兼任講師）]

関連図

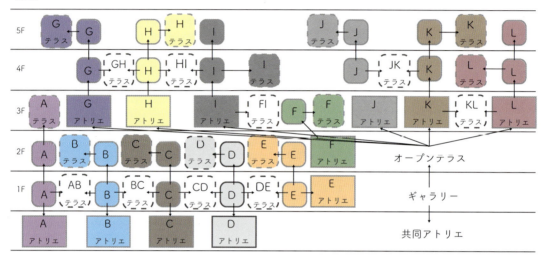

様々な人が介入できるアトリエ兼ショップ、生活空間の一部となるプライベートテラス、隣り合う住戸がどちらも使うことができ光や風を通すシェアテラスを必ず各住戸が持つような配置計画となる。正方形のユニットはアトリエ、テラス、設備などの要素によって構成され、流動的な人々の動きを快適なものにするためのシステムを作る。

審査員コメント

図面も模型も今回最も派手で目を引きました（笑）。上手いと思ったのは架構のルールがあることです。ボリュームの操作を柱を通るラインに限定しているので、構造の連続性が保たれています。それぞれ色や仕上げが異なっても、架構が一定のルールで整理されていることで、全体としてまとまりが出るのかなと感じました。[小西]

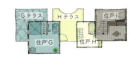

5階平面図   4階平面図

3階平面図   2階平面図   地下1階平面図 | S＝1:600

配置図兼1階平面図 | S＝1:300

断面図 | S＝1:300

46 ものつくり大学 | Monotsukuri Institute of Technologists
技能工芸学部 | 建設学科 | 建築デザインコース

課題 集合小住宅──新しい生活の場を求めて──

[3年生 | 2016年度 | 建設総合設計Ⅳ]
出題教員／指導教員：藤原成曉

現代社会の状況や地域性、建築（住宅）の歴史等を踏まえ、改めて、「集まって住む」ことについて考える。
本課題のテーマは、共有と小さな住戸であることから生まれる余剰空間の提案である。以下の点に留意のこと。

1）小さくても空間は豊かであること。空間の豊かさは部屋の大小では決まらない。リッチな空間とは何か、内外含めて模索してほしい。
2）余剰空間は、各住戸内の＋αルームとして、あるいは住戸内の共有スペースとして設けても構わない。用途はプライヴェート、パブリックを問わないがその空間の性格を明確にすること。
3）既成の室（玄関・廊下・LDK・個室etc）の最小限空間を吟味する。

規模：延面積500m^2（75m^2／世帯×5世帯＝375m^2＋余剰スペース25m^2×5＝125m^2）
階数：2－4階
構造：自由
住戸タイプ：2タイプ以上

出題教員コメント

現代社会の状況や地域性、建築（住宅）史などを踏まえ、改めて「集まって住まう」ことについて考える課題です。授業は、本学キャンパス内にあるル・コルビュジエの終の棲家「カップ・マルタンの休暇小屋の原寸レプリカ」の空間体験から始まります。本課題の意図するところは、行田の歴史的風土を学ぶこと、及び、より小さく住まうことで生まれる余剰空間の提案と最小限空間を模索し、ヒューマンスケールを認識することにあります。［藤原成曉（教授）］

ものつくり大学 技能工芸学部 建設学科 建築デザインコース 3年生［課題出題時］

桐淵玲央 | Kiribuchi Reo

迷楼──Meirou──

かつて城下町として発展し、入り組んだ道が今もなお残っている行田市で、「迷路」をコンセプトにした集合住宅を提案する。現代の集合住宅は、プライバシーを重視しすぎた結果、人間関係が閉鎖的になり、すれ違った人が外来者なのかどうかも分からないのが現状である。数多の空間に居住者の視線や動線が迷路の様に交わることで、コミュニティとセキュリティの両方を確立することができる。

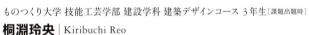

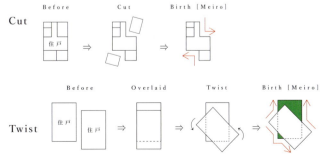

設計ダイアグラム

指導教員コメント

本作品は、①北側に隣接する歴史的遺産である足袋蔵に対して適切な配置計画とスケールで対応していること ②最小限空間から生まれる余剰空間はコミュニティエリアとしての「通り抜けの空間」に利用し、東西の地域を結びつけていること ③地域に開きしかも各住戸の安全性を確保するという矛盾する命題に対して、城下町の特長であるT字路や袋小路を活かし居住者の視線に配慮して迷路性のある路地空間を用意したこと、などが評価されました。[**藤原成暁（教授）**]

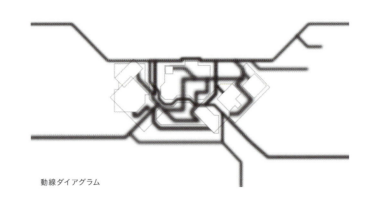

動線ダイアグラム

2階平面図

1階平面図

地下1階平面図 | S＝1:400

審査員コメント

迷路性をテーマとし、住人は道や暮らし方を発見しながら住まうという作品です。テーマと、地下のあいまいな空間を組み合わせて住宅をつくるというところに共感しました。既存住戸を活かすということを角度の振りやボリューム配置の理由にしていましたが、共有できる正当な理由ではなく、出来上がったものによる面白さを表現して欲しかったです。本人の意志がもう少し出てくると良いのかなと感じました。[中川]

断面図

47 横浜国立大学 | Yokohama National University
理工学部 | 建築都市・環境系学科 | 建築EP

課題 「2つある」住宅 [2年生 2016年度 デザインスタジオⅡ・第3課題]

出題教員：仲 俊治　**指導教員**：藤原徹平、仲 俊治、針谷將史、御手洗 龍、松井さやか、山下真平

この課題は、建築形態から機能や使い方を発見する課題です。

通常は、想定する使い方やそこで求められる機能を足し合わせて建築の形をつくるかもしれませんが、この課題は逆です。

住宅という建築を構成する要素の中には、「一般的には1つしかないもの」がいろいろとあります。たとえば、玄関、キッチン、階段などは通常1つしかないですし、もう少し大きく考えれば、屋根などの外皮もそうでしょう。でも、1つしかないというのは、使い方や機能の前提が盲目的に習慣化している可能性があります。この課題はこういった前提を意識化する課題とも言えます。

住宅を構成する「要素」のなかから1つを選んで(自分で考えてください)、それが2つあると、どんな建築が構想できるでしょうか。また、その建築に住む場合(自分なりに「住む」の定義を考えてください)、一般的な住宅とは異なった使い方や住み方を発見してください。かたちを伴った思考実験です。なお、住人やその人数の設定は、建築形態の提案を補強するようなものとして、各自で設定します。

出題教員コメント

住宅を構成する要素から「一般的には1つしかないもの」を選んで、もしそれが2つあるとどうなるか、という設定です。通常は想定する使い方から建築の形を組み立てますが、この課題はその順序が逆なわけです。「1つしかない」というのは、使い方や機能についての前提が、盲目的に慣習化している可能性があります。この課題はそれを意識化する課題ともいえます。

[仲 俊治(非常勤講師)]

横浜国立大学 理工学部
建築都市・環境系学科 建築EP 2年生 [課題出題時]

金 俊浩 | Kim Jyunho

優秀賞2等

住む階段、街を巻き込む階段

住宅の主要な構成要素である階段。一般的に1住宅に1つ設えられる階段の登り道を2つに増やすことで、異なる2つの空間が隣合いつつ各々が独立して存在する。これらを、一方は芸術家のためのプライベートな住空間、他方はギャラリーやレクチャーを通してまちの人びとを巻き込むパブリックな空間として1つの住宅に収めることで、アートを軸に再興する街の新たな顔となるのではないかと考えた。

設計ダイアグラム

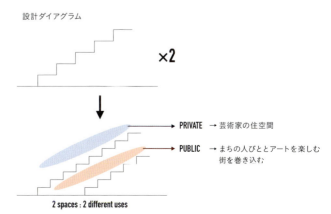

指導教員コメント

2016年度より仲さんに考えてもらった新課題です。横浜国立大学では「建築の言語性」を意識して1年次から導入教育を行なっています。「言語性」を意識するとどうしても操作的・記号的な作業に陥りがちなのですが、金くんのアプローチは課題の要求を引き取りながら、街を巻き込むという都市に対してリーダーシップのある建築造形のアイデアとともに人の住まい方を考えています。一発ネタに見えるけどなかなか戦略的なようにも感じる秀作です。[藤原徹平（准教授）]

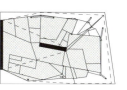
GL+4500平面図

GL+3000平面図

GL+1500平面図

配置図兼GL平面図 | S=1:400

審査員コメント

住宅が慣習的に持っているものを2倍にしてみるという課題の設定が面白いです。この作品は2つの階段が最終的に二重螺旋になるというものでした。一見オーバースケールで適当に決めたような寸法かと思いきや、真ん中の2層目にピッタリはまっている洗濯機や、隣の高架橋との高さ関係で決められた窓など、部分から全部自分で寸法を決めているのが分かり、共感を覚えました。一つひとつのスペースがきちんと設計されていると思います。［藤村］

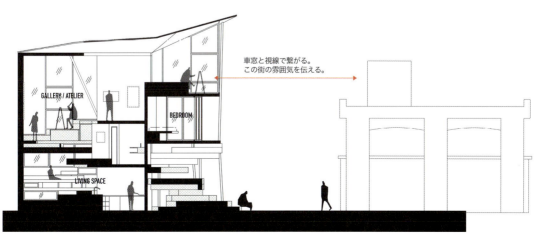
断面図 | S=1:200

48 | 早稲田大学 | Waseda University
理工学術院 | 創造理工学部 | 建築学科

課題 早稲田のまちに染み出すキャンパスと住まい──Activate Waseda──

[2年生｜2015年度後期｜設計製図I・第2課題]
出題教員／指導教員：入江正之、渡辺仁史、佐藤 滋、後藤春彦、有賀 隆、中谷礼仁、小岩正樹、藤井由理、渡邊大志、阿部俊彦、小林恵吾、山村 健、斎藤信吾

「早稲田のまちのキャンパス・プロポーザル──早稲田のまちに学び、早稲田のまちに住む」

第一課題：早稲田のまちのポテンシャルを開拓する──What is Waseda?──
「早稲田ならではの複数の人が集合する可能性」を踏まえて、あなたが実際にまちを歩いた領域で発見したポテンシャルについて図的表現をすると共に、設計提案の構想としてまとめなさい。

第二課題：早稲田のまちに染み出すキャンパスと住まい──Activate Waseda──
第二課題では、各自が設計する建築を通して、大学街の魅力を高める事を目的とする。大学街であることには、学ぶ事と住む事が共に含まれており、それらが相乗効果を及ぼして地域への寄与となるよう工夫する。計画は、大学が関係するものとし（直接的・間接的は問わない）、設計規模は学校の一教室分の人数と同程度以内として最大40名、または延べ床面積最大500m^{2}とする。必ずこれらの人々が暮らす居住機能を含むこと。

例えば、核家族単位ではなく人間の集まりとして集合の形式を考えようとする場合、人が集まって住むモチベーションには食、学、宗教、介護、NPO、趣味、研究室などが挙げられる。このうち例えば次のような住まいの形式が考えられる。
・食：単身者や学生が共同キッチンをもつ住居形式
・宗教：祈りの場と寄宿舎が一体となった住居形式
・趣味：特殊倶楽部のための共同の場を所有しながらも、銭湯やコンビニを利用し都市全体に散居する形式
・研究室：大学の研究室がまちへと拡張し、生活の一部を共同する住居形式。（サテライト研究）

1. 第一および第二課題の手順を踏み、集まって住む形式を設計する。住居以外の条件については各自が自由に考える。第一課題は任意の3人で構成されたチームごとに提案を行い、第二課題は個人の提案を行う。
2. 敷地は、配付した敷地図の範囲から各自で選定する。
3. 構造形式は、木造・鉄筋コンクリート造・鉄骨造などを参考に、各自が適切なものを考える。

出題教員コメント
この課題では住居機能を持ちつつも、集合住宅という単体の建築に閉じることなく、一つの建築の設計が周辺敷地全体を「新たな早稲田のまちのキャンパス」とすることを課しています。その点において江尻君の作品は、街区スケールとしては周辺の住宅地に馴染むような建築ボリュームを設定しつつ、そのボリュームと不整合に貫通された道空間によって身体空間のスケールから街区の塊を解体している配置計画が特に評価されました。[**出題教員一同**]

早稲田大学 理工学術院 創造理工学部 建築学科 2年生[課題出題時]
江尻悠介 | Ejiri Yusuke

この街に宿るための家──木造密集地の生活の舞台から──
木造住宅密集地である西早稲田3丁目には、狭い路地や袋小路が点在し、住宅内部の生活感が、外部の路地的空間にあふれ出している。既存の空間・街並みの「読み換え・書き換え」によって、この街の断片的な風景を住宅に取り込み、戦後日本で普及した「1住宅＝1家族」の住宅モデルを部分的に解体・再構築し、それぞれが住宅の半分を街と共有しているような新しい集合住宅を提案する。

まち並み（屋根並み）の読み換え・書き換え

①2つの袋小路と1つの狭い路地に接している4軒の戸建住宅。

②屋根の形を残しつつ行き止まりを延長し袋小路と路地をつなげる。

③4つの住宅の解体・再構成で、周囲の住宅同士の交流も生まれる。

指導教員コメント

江尻君の提案は、敷地の指定範囲でも、住宅が集まり生活感が垣間見られる地区を選び、街区や既存の住宅の間取り、生活者の動線を観察して、まちなみごと書き換えるという計画です。それは、編集的かつ理念的であって、公道利用や防災面など現実的な回答ではないという批判もありましたが、同君の希望や理想形が良く現れており、地域に住まうことの魅力の探究を主題とする本課題の主旨にかなうものだったため、推薦となりました。［**出題教員一同**］

平面的な読み換え・書き換え

①住宅の内部と外部の路地的空間は、平面的に見ると隔絶されている。

②一度壁を取りのぞき、住宅の内部と、外部であった路地的空間をまたぐようにスラブを設ける。

断面的な読み換え・書き換え

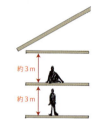

①住宅建材のモジュールによって、「下階桁上端一上階桁下端の長さ約3m」に規定されている。

②中間領域のスラブの挿入によって、既存の高さのスラブ使い方が変わり、交流が生まれる。

審査員コメント

木造住宅密集地にある4棟の建物をリノベする案です。路地が点在している中で、風景を変えず、元の持っている良さを活かして新しい価値を生み出すというリノベの特性を、良いかたちで表現できているように思いました。4棟をそれぞれ2つずつに切断して路地を増やしているのですが、建物の断面に入れたガラスがどう見えるのか、どのようにプライバシーを確保して空間ができているのかが気になりました。[前田]

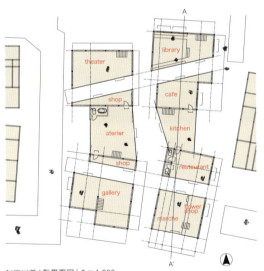

配置図兼1階平面図 | S＝1:500

2階平面図

A-A'断面図 | S＝1:500

住宅課題賞2017 | 課題出題教員インタビュー

238———芝浦工業大学 工学部 建築学科
郷田修身 教授

240———東京理科大学 工学部 建築学科
熊谷亮平 准教授

242———日本工業大学 工学部 建築学科
小川次郎 教授

244———法政大学 デザイン工学部 建築学科
下吹越武人 教授

課題出題教員インタビュー

芝浦工業大学 工学部 建築学科
郷田修身 教授

課題 様々に変化する生活シーンを考えた住宅

［2年生｜2016年度｜住宅設計演習・課題3］▶ 課題詳細 p.085

郷田修身 | Gota Osami

1968年東京都生まれ。1993年芝浦工業大学大学院修了、1994年アプル総合計画事務所入社、2004年ジーテック一級建築士事務所設立、2008年－芝浦工業大学工学部建築学科准教授、2013年－同大学教授、2017年より建築学部建築学科に移行。

**2年生後期の住宅課題に至るまでの
設計カリキュラムの流れについてお聞かせください。**

図面を描いたことがない学生がほとんどですから、まずは1年生前期で製図の基礎を学んでから、後期でプレゼンテーションの技術を学んでいきます。その後、2年生前期で木造の住宅建築を取り上げて、平面図や立面図といった一般図に加えて、平面詳細図や断面詳細図、軸組図などをトレースします。そして2年生後期になって、ようやく最初の設計課題である住宅課題に取り組む、という流れです。

住宅課題は3つ用意してあり、規模はだんだんと大きくなるようにしてあります。第1課題は「庭を楽しむ家」です。これは平屋であることが条件となっていて、平面構成を考えることが主目的となっています。平面構成では間取りのみを考えればよいというものではありません。表題にあるように、庭と生活、内部と外部との関係性を問うものにしてあります。第2課題は「ながめのいい家」です。これは郊外の丘陵地に敷地を想定していて、高低差を生かした断面構成を考えることが主目的です。またこの課題においても、意識を外部に向けてほしいという想いから、敷地内に樹木を1本以上植えることを条件に入れてあります。このように、2つの課題で住宅設計に馴染んでもらった後に、第3課題「様々に変化する生活シーンを考えた住宅」に臨んでもらいます。

「様々に変化する生活シーンを考えた住宅」は具体的にどのような住宅課題になりますか？

敷地は、キャンパスがある東大宮の住宅街、その一角に設定しています。1つの街区を6つの区画に分割して、その中から1区画を選んで設計をするというものです。この課題でも、住宅そのものを考えるだけでなく、庭や隣接する区画、さらには街区の周辺環境にまで視野を拡げることを重要視しています。外部との関係を築く仕掛けとして、第1課題・第2課題同様、この課題でも樹木の配置に条件を設けています。それぞれの区画に1本ずつ既存樹木を想定し、それらを残し、生かしながら設計することを求めています。また、街区の隣に雑木林があるので、それも何かの手がかりになってくれればと思っています。選択する区画で大きく条件が変わってくるので、学生にはよくよく考えてほしいところですが、何気なしに敷地を選んでしまっている学生も多く、出題の意図を伝えることから始めなくてはなりません。

生活シーンは1日の中でも変化しますし、季節ごとにも異なります。また、10年20年、もしくは30年スパンでも変わってきます。この課題では、それらを丁寧に考えて設計に反映してほしいと思っています。

また、この課題を含む住宅課題の提出図面ですが、全て手描きで描かせています。2年生後期ともなるとCADを使える学生も多いのですが、まずは手で描く体験を通して、スケール感覚を養ってほしいと考えています。

これまでに、どのような案が出てきましたか？

第1課題、第2課題を受けて、樹木を基点に設計をしてくる学生は毎年見受けられます。街区隣の雑木林を借景にしたり、隣の区画の既存樹木をあえて取り入れたり、その生かし方はさまざまです。自分の敷地以外に意識が向いている点では、とても良い傾向だと思います。

時々、課題の意図を汲み取って、街区全体を計画してくる学生もいます。そういった案は空間的にも質の高い提案に仕上がることが多いように思いますね。2017年の出展作品［▶ p.084］は、まず隣接する雑木林を拡張し、街区全体

も雑木林にしていました。そして、街区全体に6軒の住宅を散りばめることを想定した上で、その内の1軒をコテージのように設計していました。また別の作品では、街区全体をまとめるために、敷地内に遊歩道を通すものもありました。そうすると視線の交差が増えて、プライバシーを守ることが難しくなりますが、部屋の性格に応じて配置を工夫し、プライバシーのレベルを使い分けることでうまく解いていました。このように、どちらの案にも街区全体を捉える俯瞰的な視点があり、質の高い提案になっていたと思います。

また表題の「生活シーン」ですが、朝、昼、夜の変化や季節の移り変わりには、わりと反応がありますが、10年、20年というライフスタイルの変化に踏み込むのはハードルが高いようです。こうした点をいかに学生に考えさせるか、設計条件や指導方法など講師陣で常に話し合っています。

講評会はどのように行っていますか？

私を含めて6人の講師で、110人ほどいる学生たちの作品を見ています。提出された図面に予め目を通し、時には1時間程度のポスターセッションも行いながら、発表する7、8作品を選びます。その後、選ばれた学生に、それぞれ10分くらいのプレゼンテーションをしてもらい、その上で、講師陣が講評を行います［FIG.1］。何が良くて何が悪かったのか、発表する学生だけに伝えるのではなく、参加学生の全員に向かって話すことが、大学の講評会としては重要な点だと考えています。課題毎に講師と学生の全てが参加して講評会を行うというスタイルは、本学科の設計演習科目で共通しており、とても大切な機会だと考えています。

この課題では、最後に模型を寄せ集めて街区全体をつくり、どのような状態になっているか確かめます［FIG.2, 3］。そうすると、決まって非常にまとまりのない街区となり、「ここには住みたくないよね」となります（笑）。これまでにうまくいった試しはないですね。いかに周りのことが見えてい

FIG.1｜講評会の様子。
選出された学生は10分程度のプレゼンテーションの機会を得られる

FIG.3｜作品を集めてつくった街区を皆で見る。周辺環境にも意識を向けなくてはならないという気付きの場となる［FIG.1–3 写真提供：芝浦工業大学］

ないかが明らかになります。この気付きは非常に大きいと思うのです。それぞれの想いのみで設計しているとこういうことになる、ということを身をもって感じてほしい。この課題では、講評会でこのコメントをするのがおきまりのようになっています。

住宅というのは一番身近な建築です。部屋の広さ、天井の高さ、家具の大きさなどのスケールは自分の過ごした家からの影響が多大です。それをしっかりと自分のスケールのベースとして把握してほしい。そして、それらを周辺環境や街といった外部までどんどん拡張して、自分なりのスケール感覚を形成していってほしいと思っています。その最初の一歩として、住宅課題を捉えてくれたらと考えています。

FIG.2｜各自の作品を集めて街区をつくってみる。
まとまりがない街ができたという感想が多い

課題出題教員インタビュー

東京理科大学 工学部 建築学科
熊谷亮平 准教授

課題 根津に住む

[2年生｜2017年度｜設計製図1・第2課題] ▶ 課題詳細 p.141

熊谷亮平 ｜ Kumagai Ryohei
1976年佐賀県生まれ。2008年東京大学大学院工学系研究科建築学専攻博士課程修了、2012年−東京理科大学工学部建築学科講師、2017年−同大学准教授。

どのような住宅課題ですか？

2年生前期の設計製図の第2課題で、根津に3つの敷地を設定しています。3つの敷地はそれぞれボリュームや形状、また表通りに面していたり、路地の奥まったところにあったりと条件が異なります。その中から学生が自由に1つを選択し、4人以上の多世代の住まいを提案するというものです。

数年前まで、当校と関わりの深い神楽坂を敷地にしていましたが、学生に頻繁に敷地に足を運んで欲しいということから、葛飾キャンパスからアクセスのよい千代田線一本で行ける場所を検討していました。根津は、非常勤講師の薩田英男先生が根津の街づくりに関するデザインサーベイをまとめられたことがあり、薩田先生から根津を紹介してもらいました。根津の藍染め大通りに面した「アイソメ」という地域サロンがありますが、薩田先生と交流のある地域住民の方を通して、そこを課題後に作品の展示会場として貸していただいています。2年生の有志10人程度で、夏休みを挟んだ秋に毎年「アイソメ」で作品展示を行っています。

敷地を3つ設定したのはどのような意図からでしょうか。

敷地の設定は、空地や駐車場といった建物のない敷地で100−120㎡程度を基準に、非常勤講師も含め住宅課題を持つ教員全員で実際に街を歩いて選定しました。面積や立地条件などバリエーションを持たせるよう意識しながら探しました。学生は120人程度いますが、120人いたら120通りの案を見せて欲しく、そのために特徴の異なる敷地を複数用意したのです。

最初の授業では、学生たちと根津に敷地見学に行きますが、学生たちにはそれ以外にも自分の足で街を見て歩き、敷地はもちろん根津という街のコンテクストを読み解くことを期待しています。

また、建物の設計においては少なくともスケール感や採光、通風といった建築を設計するうえでの基本的な要素は理解して欲しい。この課題の前に「マイクロアーキテクチャ」という簡易的な建物を都市の中の空地に提案するという課題に取り組みますが、それに続いて2年生の時期にヒューマンスケールの建築に取り組み、スケール感覚をしっかり身に付けておくことが重要です。

光と風の採り入れ方については、課題文の計画要件に「採り入れ方を工夫した空間とする」と明記しています。学生たちの生活はエアコンや照明といった設備的な技術に支えられており、自分の部屋において自然の風や光の恩恵を感じることは日常的に少ないと思います。この課題を通して都市部においても採光や通風を工夫することで空間が豊かになることに気付いて欲しいと思っています。

また、「住人は多世代で4人以上を具体的に設定する」ことを要件としていますが、大家族でもシェアハウスでも構いません。学生たちには、現代的な家族形態から住宅のあり方を考えて欲しいと思っています。典型的な核家族の形態を超えるような設定にして、学生が持つ家族イメージを揺さぶることで、画一的な住宅の形態に落ち着いてしまわないようにしています。

敷地との関わりについてはどのようにお考えでしょうか。

町家や古い建物、商店が多数残り、独自の歴史を持つ根津の街に設計することで学ぶことは多いでしょう。例えば、路地に面した敷地を選んだ場合は、建物の高さや隣の家との距離感など、通常の郊外型住宅を設計するのとは異なる点に気を配らないといけません。根津は近年、建物の建て替えスピードが早くなり、古い建物が急速に姿を消し

ていっています。そういった歴史的な視点も持ちながら、設計に取り組んで欲しいと思います。

また、住むという単一機能だけに留まらず、街への関わり方や開き方についても考えて欲しい。ただし、課題文に直接的にそのような機能を設定すると、商店の一角にオープンスペースを設けるなど画一的な提案になりがちです。ですので要件には入れずに、設計主旨において「まちとの関わりが生まれる住空間」とだけ抽象的に示しています。そうするだけでも上手く応える学生は多い。今回（2017年）、住宅課題賞に出展した髙橋さんは近隣の子どもたちが集まる場所を建物の中間層に挿入するというシンプルな操作で、とても魅力的な提案に仕上げていました［FIG.1］。地域との関わりをテーマの一つとすることで、通常では生まれない空間を作り出し、それが住宅そのものを考え直すきっかけになっていると思います。

学内の講評会においては何を重視していますか？

学生は全部で120人程度いて、1スタジオ17-18人で7スタジオに分かれます。まずスタジオ内で各担当の教員が全員を講評してそこから議論の俎上に載せた方がいい作品を2-3作品選び、その後、選出作品を全体の講評会で議論していくというプロセスです［FIG.2］。ただし、建築としての最低限の評価はしますが、それに加えて街に開くことと建築的なおもしろさを見て、議論を広げて深めていくことが重要だと認識しています。そのため、講評会では採点はしますが順位は決めず、提案のバリエーションや特徴を評価していくようにしています。

学部の講評会とは別に前期の最後の回には、各学年を通した講評会を行います。その講評会でも、特定のテーマにおいて「議論した方がおもしろいのではないか」という基準で各学年から2-3作品を選出します。3年生、4年生にとっては一度経験した課題を考え直すきっかけにもなり、2年生にとってはこれから取り組む課題を知る機会になります。

そしてさらに、根津の「アイソメ」で展示を行います［FIG.3］。課題後から作品をブラッシュアップして展示に臨みますが、単に展示するだけではなく、その運営も学生が担います［FIG.4］。まだ学部2年生ですので実際のプロジェクトは皆初めてで苦労するでしょうが、そのような経験は学内の講義では得ることがなく、学生たちにとってはとても良い勉強になっています。展示期間は、地域住民の方からいろいろな意見をいただきますが、学内の講評会での評価やコメントとは異なることが多い。「いい建築とは何なのか」という視点の豊かさを実感し、住宅の有り方を考え直すことによって、学生たちの建築的な思考を深めることにつながることができればと思っています。

FIG.1 | 2017年度「住宅課題賞」出展・髙橋和佳奈さんの作品

FIG.2 | 学内講評会の様子

FIG.3 | 「アイソメ」での展示風景。地域住民の方中心に一般の人も見に来られる

FIG.4 | 「アイソメ」展示会におけるミニトークの様子
［FIG.2-4 写真提供：東京理科大学］

課題出題教員インタビュー

日本工業大学 工学部 建築学科（現：建築学部 建築学科）
小川次郎 教授

課題 賄い付き下宿・再考
［2年生｜2017年度｜建築設計Ⅱa］▶ 課題詳細 p.181

小川次郎｜Ogawa Jiro
1966年東京都生まれ。1996年東京工業大学大学院博士課程後期満期退学、1999年一日本工業大学工学部講師、2009年一同大学教授。

出題された「賄い付き下宿・再考」についてお聞かせください。

本学では2018年4月に学部の改編を行い、工学部建築学科は建築学部建築学科となりました。建築学科建築コースでは、1年秋学期（後期）から、本格的な設計課題に取り組みます。最初は住宅の設計で、これは全学共通の課題です。2年春学期（前期）には3つのクラスに分かれ、個別の課題に取り組みます。私のクラスでは、まずグループで「地域のコミュニティ食堂」、次いで「賄い付き下宿・再考」という課題に取り組みます。2年春前期の課題では、地域とのつながりを重視した設計を行います。学生たちが実感を持って設計に取り組めるように、課題の敷地を大学のキャンパスがある埼玉県宮代町に設定しています。このまちは比較的身近に自然があり、人と人との距離がさほど遠くない環境ですので、地域とのつながりを考えるには適しているのではないでしょうか。1年生で住宅課題に取り組んでいるので、2年生では単に規模を大きくして集合住宅の課題を行う、というのではつまらない。「地域と接点を持ちながら暮らす」という視点から集住のあり方を見つめ直し、その面白さを探して欲しいと考えました。前任の先生は「学生寮」の課題を課していました。この課題では、学生寮で同年代の人たちと過ごしながら、学生が次第に社会性を身に付けていく経験が重視されていました。今だと安いアパートもたくさんあり、学生もプライバシーを大事にする傾向があるようですから、学生寮という独特かつ良きカルチャーは廃れる傾向にあります。「学生寮」は、こうした傾向に一石を投じる意味で出された課題だったと思います。私自身、この課題の考え方に賛同するところが少なくなかったので、こうした流れを汲みながら、「賄い付き下宿・再考」という内容を考えました。
実際に賄い付き下宿に住んでいるという男子学生と話をする機会があり、彼を通して課題の対象となっている実在する物件をリサーチしていくと、これが実に興味深かった。オーナーの方にお目に掛かりお話しを伺ったところ、建築と地域の関係を考える上で参考になる点が多々見受けられたことから、この下宿の建て替え計画を設計課題としたのです。

その実在する賄い付き下宿とは、どのような物件なのですか？

基本的には、仕出し弁当を扱う弁当屋さんが運営している下宿です。空き家だった戸建て住宅を中心に、その隣の土地を借りるなどして、少しずつ拡張しながら現在の形に収まっています。賄い付き下宿というのは、まず住居となる建物ありきで、食事はついでに用意されるものと思っていたところがあったのですが、ここでは全く逆の発想がなされている。方針の核となるところに食事があって、そこから下宿経営を展開していったという話は、大変興味深かったですね。
オーナーさんは地域との結びつきをとても大事にされている方です。お年寄りの家にお弁当を配達して健康状態をチェックしたり、話し相手になってあげたり。また、周辺の農家から野菜を仕入れてお弁当の材料として使ったり…。今でこそ「お年寄りの見守りサービス」や「地産地消」という言葉で話題になっていることを、かなり以前からとても自然なかたちで実践されています。
実際、このオーナーさんは将来的な建て替えも視野に入れつつ下宿を運営されています。現在、お弁当を買いに来た人たちとは井戸端会議をするくらいの交流にとどまっているので、もう少し人々が滞在できる場所が提供できないか、あるいは、食堂は下宿している学生だけが集まる場になっているので、そこを地域に開く可能性はないか、と話しています。

お施主さんも実際にいらっしゃる課題だと、
学生は身が引き締まりますね。

課題説明の際、オーナーさんにお越しいただき、下宿の成り立ちやこれからの抱負などについてお話しいただいています[FIG.1]。また、最終の講評会にはオーナーさんもいらっしゃいます。学生たちには、恥ずかしいものは見せられないというプレッシャーになっていると思いますね(笑)。2年生の第2課題「宮代町のコミュニティ食堂」も「eco café MINT」という宮代町に実在するコミュニティ・カフェがモデルとなっています[FIG.2]。eco café MINTは、障害者支援をしているNPOの方からお話をいただき、設計と一部の施工を私の研究室で行いました。NPOの方々は、社会復帰を目指す人たちのトレーニングの場であると同時に、地域の人たちが企画を持ち寄って活動ができるような場にしたいという方針をお持ちでした。私自身にとって、地域と建築の関係に可能性を見出す良い機会となりました。「宮代町のコミュニティ食堂」に取り掛かる際、まず学生にはeco café MINTを見学させています。そして、宮代町の中に設定した6つの敷地候補地を、必ずすべて見て回るよう伝えています。それぞれの土地の特徴や周辺環境を把握し、そこで起こり得るさまざまなシチュエーションを想像する。地域の性格を捉える上で良い訓練になっていると思います[FIG.3]。その成果を踏まえて、「賄い付き下宿・再考」に臨んでもらうというわけです。

FIG.1｜講評会の様子。講評会には建物のオーナーさんも出席される

FIG.2｜第2課題の対象となるeco café MINTの外観。キャンパス最寄駅、東武動物公園駅の駅前商店街にある

FIG.3｜第2課題の作品模型 [FIG.1-3 写真提供：日本工業大学]

学生からはどんな案が出てきましたか。

2017年の出展作品[▶p.180]を例に挙げると、主に学生間の交流にスポットを当てるものでした。建物外側のバルコニーと内側の休憩・学習の場、これら2種類の共有スペースによって、内と外で交流の輪が連鎖していくように計画されています。地域との交流が期待できるスペースも設けられていましたが、ここが若干簡素なものになってしまったのは、少し残念でしたね。
評価の重要なポイントとしては、コミュニティ形成の肝となる食堂が地域とつながる空間としてしっかり構想されているか、ということになりますが、実のところ地域とのつながりまで到達している案というのはなかなかありません。一つの集合体として無理なく計画されているかなど、それ以前に解かなければならない問題が幾重にも重なっていますから。
まずは学生間でどのようにつながっていくかを考えた上で、学生とオーナーさんとの交流、さらには学生・オーナーさんと地域住民との交流も考えなくてはならない。2年生の課題としては、いささかハードルが高いものだと思います。

この課題を通して、学生たちにはどのようなことを学んで欲しいですか？

2年生は、動線やスケールの収め方、常識的な範囲でのプライバシーの確保など、建築計画の基礎を学びつつ課題を進めていきますので、どうしても造形的には手堅い作品になりがちです。しかし、奇をてらったものでなくてもできる建築の面白さはあると思うのです。地域とのつながりというと聞こえはいいですが、実際にはそんなに簡単に実現できるものではありません。どのようにすればそれが実現するのか、空間のあり方や建築の構成を通して、今までにない一歩踏み込んだ提案をして欲しい。人同士の関係を考え、組織化し、建築として実践することの楽しさを、ぜひ学んで欲しいと考えています。

課題出題教員インタビュー

法政大学 デザイン工学部 建築学科
下吹越武人 教授

課題 Tokyo Guest House

[3年生 | 2017年度 | DS5 下吹越ユニット] ▶ 課題詳細 p. 197

下吹越武人 | Shimohigoshi Taketo

1965年広島県生まれ。1990年横浜国立大学大学院修了、1990年北川原温建築都市研究所入社、1997年A.A.E.設立、2009年法政大学デザイン工学部建築学科准教授、2011年―同大学教授。

どのような課題になりますか。

履修する学生は60人程度で、1ユニット15名の4ユニットに分かれて課題に取り組みます。全ユニットに共通したテーマとして「集住」を掲げており、この共通テーマをもとに各ユニットの教員がそれぞれ課題を作成しています。
また、この課題では、ロバート・ヴェンチューリの『建築の多様性と対立性』を指定図書に設定しています。この本のように、建築を学ぶ者であれば読んでおかなくてはならない書があり、その理論や思想をもとに建築を考えることは学生にとって必要な経験です。しかし、最近の学生は本を読まない。それを憂慮して数年前から指定図書を設定するようになりました。私達教員も、学生の思考が深まるよう、指定図書に絡めて教員各自さまざまな切り口の課題を出すようにしています。担当教員の一人である渡辺真理先生は、昨年はヴェンチューリの書に加えて『若草物語』をモチーフにした4家族のための集合住宅を出題されていました。
私のユニットでは、「Tokyo Guest House」というタイトルで、佃島の運河沿いにコーポラティブハウスを計画します。そこでは、世界中を旅したバックパッカーとその家族が共同でドミトリー形式のゲストハウスを経営するという、何だか複雑な設定にしています。宿泊客は外国人が中心で、オーナー家族や宿泊者同士での交流を促すような魅力的なコミュニティの場を計画することを課しています。
通常の住宅課題とはひと味違ったユニークな設定にしているのは、型にはまった思考形態からできるだけ離れて考えて欲しいという意図からです。ゲストハウスという短期間かもしれませんが、国籍も多彩な人が集まって住むための施設に取り組むことで、「人が集まって住む」という原初的なところから思考をスタートさせ、その在り方や住まい方を考えて欲しい。

実際の社会においても、現代は単身者による住まいが増え、新しい住まいの形態が生まれてきています。そういった社会状況の中で「集住」を根本的に考え直すということは時代に即していると言えるでしょう。

佃島という敷地や地域との関わりについてはいかがでしょうか。

佃島という東京でも固有の歴史と特徴を持ったまちのコンテクストを読み解き、そこにどのように開いていけるかということを評価基準の一つとしています。学生たちが実際に敷地へ行き、リサーチしたことを発表させ、気付きや情報について全員が共有するようにしています。
バックパッカーといった海外の人が集まる場所を地域に開放することを考えるには想像力を働かせる必要があります。例えば、地域の住人の方が語り部としてバックパッカーの世話をする、ということだけでも旅行者にとってはとても魅力的なサービスです。ゲストハウスに泊まった経験を持つ学生はほとんどいませんが、そういったヒントを示すと学生たちはそれをきっかけにさらにいろいろな交流の在り方、まちへの開き方を考えるようになります。そして、地域に開くということは大げさな仕掛けを必要とするのではなく、一昔前にはよく見られたご近所同士の井戸端会議といった日常的なことと重なり合う行為ということに気付いていくのです。

運河沿いということも敷地の特徴の一つとなりそうですが。

運河沿い、水際ということにも着目した提案をして欲しいと思っています。ただ、水際ということを設計に採り入れた提案をしてくる学生は少なく、デッキを敷いて、椅子を並べて水を楽しむといったオーソドックスな提案に留まって

FIG. 1, 2 | 課題「床・壁・天井による場の構成」の作品

FIG. 3, 4 | 課題「絵本ライブラリーをもつ幼稚園」の作品 [FIG. 1–4 写真提供：法政大学]

いるケースが多い。学生たちが佃島という古いまちで水辺を大きく改変することに対して幾分慎重になっているように感じます。ただし、現状の水辺活用が積極的かと言うとそうではないので、思い切って護岸を切り込んで親水空間を創出したり、水の上を覆う建築を計画したりしてもいいと思います。ただし、大胆な提案でもコンテクストとの応答から組み立てて欲しい。例えば2017年の住宅課題賞で代表となった不破君の提案は、現在の道路がもともとの路地を後退させて設けられていることに着目し、道路を敷地内に付け替え、地域の人々が集まるスペースを設けています。しっかりとしたリサーチから道を付け替えるという大胆な提案に結びつけた点を高く評価しました。

戸建住宅の課題にはどのように取り組んでいますか？

本学では純粋な戸建の課題は行っていません。2年生の前期に「床・壁・天井による場の構成」という課題を行いますが、これは3つの床レベルと3つの高さの壁を配置して空間を構成しなさい、という短期課題です[FIG. 1, 2]。この課題では抽象的に空間構成を考えるよう、主に模型によるスタディを重ねていき、最終的には空間を図面化して提出します。その次に、この自分で作り出した空間を「住宅にデザインし直しなさい」と課します。それは戸建でも

いいですし、集合住宅でもいいことにしています。ですので、いわゆる敷地があって家族構成を指定して……、というような戸建住宅の課題ではないのです。先ほどお話ししたように「Tokyo Guest House」も集合住宅というビルディングタイプを前提としたものではありません。住宅は身体のスケールと日常の生活や動きに基づいて組み立てられているので、初学者にとって空間を学ぶうえで王道の課題と言えるでしょう。どの大学でも取り組む課題だと思います。ただし、本学ではnLDKに代表されるような型にはまったものの考え方、捉え方をできるだけ崩してあげたいと思い、課題を設定しています。

その方針は他の課題にも共通していて、いわゆるビルディングタイプにとらわれないように課題を出しています。例えば最初に取り組む幼稚園の課題でも、絵本ライブラリーを幼稚園に併設させ、幼稚園の機能だけではなく、地域の人や多世代の人々がどのように交流し過ごすかということを考えさせます[FIG. 3, 4]。複数のプログラムを組み合わせることで、空間の使われ方や人と建築とまちの関わりを根本から考えて欲しい。

物事を抽象的に捉える、コンテクストを読み解く、そしてそれをもとに空間を考えていくという、根源的に、そして連環的に物事を構想できるような課題を心がけています。

住宅課題賞｜歴代参加大学・学科リスト

東京建築士会所有資料（出展者の所属情報）を元に、2017年度時点での名称を50音順で掲載

	参加大学数：
	参加学科数：
	司会：
	審査員：

■■■ 優秀賞1等
■■■ 優秀賞2等
■■■ 優秀賞3等　　*第1-17回までの審査員長（公開審査）は植田実
■■■ 優秀賞　　　*優秀賞1・2・3等は第4-17回のみ
■■■ 審査員賞　　*審査員賞は第11-17回のみ

No.	大学	学部	学科	専攻／コース	
01	宇都宮大学	工学部	建設学科	建築学コース	
02	神奈川大学	工学部	建築学科	建築デザインコース	
03	関東学院大学	建築・環境学部	建築・環境学科	すまいデザインコース	*1
04	共立女子大学	家政学部	建築・デザイン学科	建築コース	
05	慶應義塾大学	理工学部	システムデザイン工学科		
06	慶應義塾大学	環境情報学部			
07	工学院大学	工学部	建築学科・建築都市デザイン学科		*2
08	工学院大学	建築学部	建築学科		
09	工学院大学	建築学部	建築デザイン学科		
10	工学院大学	建築学部	まちづくり学科		
11	国士舘大学	理工学部	理工学科	建築学系	*3
12	駒沢女子大学	人文学部	住空間デザイン学科	建築デザインコース	
13	芝浦工業大学	工学部	建築学科		
14	首都大学東京	都市環境学部	都市環境学科	建築都市コース	*4
15	昭和女子大学	生活科学部	環境デザイン学科	建築・インテリアデザインコース	*5
16	女子美術大学	芸術学部	デザイン・工芸学科	環境デザイン専攻	
17	多摩美術大学	美術学部	環境デザイン学科	インテリアデザインコース	
18	千葉工業大学	工学部	建築都市環境学科	建築設計コース	
19	千葉大学	工学部	デザイン学科		*6
20	千葉大学	工学部	都市環境システム学科		
21	筑波大学	芸術専門学群	デザイン専攻	建築デザイン領域	
22	東海大学	工学部	建築学科		
23	東海大学	情報デザイン工学部	建築デザイン学科		*7
24	東京大学	工学部	建築学科		
25	東京家政学院大学	現代生活学部	生活デザイン学科		*8
26	東京藝術大学	美術学部	建築科		
27	東京工業大学	工学部	建築学科		
28	東京電機大学	未来科学部	建築学科		*9
29	東京都市大学	工学部	建築学科		*10
30	東京理科大学	工学部	建築学科		*11
31	東京理科大学	工学部第二部	建築学科		
32	東京理科大学	理工学部	建築学科		
33	東洋大学	理工学部	建築学科		*12
34	日本大学	芸術学部	デザイン学科		*13
35	日本大学	生産工学部	建築工学科	建築総合コース	*14
36	日本大学	生産工学部	建築工学科	建築デザインコース	*15
37	日本大学	生産工学部	建築工学科	居住空間デザインコース	
38	日本大学	理工学部	建築学科		
39	日本大学	理工学部	海洋建築工学科		
40	日本工業大学	工学部	建築学科		
41	日本工業大学	工学部	生活環境デザイン学科		
42	日本女子大学	家政学部	住居学科	居住環境デザイン専攻・建築デザイン専攻	*16
43	文化学園大学	造形学部	建築・インテリア学科	建築デザインコース	
44	文化学園大学	造形学部	建築・インテリア学科	住生活デザインコース	*17
45	法政大学	デザイン工学部	建築学科		*18
46	前橋工科大学	工学部	建築学科		
47	前橋工科大学	工学部	総合デザイン工学科		
48	武蔵野大学	工学部	建築デザイン学科		*19
49	武蔵野美術大学	造形学部	建築学科		
50	明海大学	不動産学部	不動産学科	デザインコース	*20
51	明治大学	理工学部	建築学科		
52	ものつくり大学	技能工芸学部	建設学科	建築デザインコース	
53	横浜国立大学	理工学部	建築都市・環境系学科	建築EP	*21
54	早稲田大学	理工学術院 創造理工学部	建築学科		*22

*1：2012年度まで工学部建築学科／2013年度より建築・環境学部建築・環境学科に改変

*2：工学部建築学科・建築都市デザイン学科が、2011年度より建築学部建築学科・建築デザイン学科・まちづくり学科に改編

*3：2006年度入学者まで工学部建築デザイン工学科／2007年度入学者より理工学科建築学系所属

*4：2004年度まで東京都立大学工学部建築学科／2005年度より首都大学東京都市環境学部都市環境学科建築都市コース

*5：2007年度まで生活環境学科／2008年より環境デザイン学科

*6：2003年時点の学科名はデザイン工学科（現在はデザイン学科）

*7：2005年度まで第二工学部／2006年度より情報デザイン工学部

*8：2011年度まで家政学部住居学科／2012年度より現代生活学部生活デザイン学科

*9：2007年度まで工学部建築学科／2008年より未来科学部建築学科

*10：2008年度まで武蔵工業大学／2009年より東京都市大学

*11：2015年度まで工学部第一部／2016年度より工学部

*12：2009年度まで工学部建築学科／2010年度より理工学部建築学科

*13：2012年度からコース統合

*14：2010年度まで建築工学コース／2011年度より建築総合コース

*15：2010年度まで建築・環境デザインコース／2011年度より建築環境デザインコース／2013年度より建築デザインコース

*16：2009年度まで建築環境デザイン専攻／2010年度より建築デザイン専攻

*17：2013年度まで住居デザインコース／2014年度より住生活デザインコース

*18：2007年度まで工学部建築学科／2008年度よりデザイン工学部建築学科

*19：2016年度まで環境学部環境学科／2017年度より工学部建築デザイン学科

*20：2010年度まで環境デザインコース／2011年度よりデザインコース

*21：2010年度まで工学部建設学科建築学コース／2011年度より理工学部建築都市・環境系学科

*22：2006年度まで理工学部建築学科／2007年度より創造理工学部建築学科

住宅課題賞　｜　歴代参加大学・学科リスト

	37	37	37	36	35	34	35	34	33	28
	48	48	48	45	44	44	44	44	43	38
	城戸崎和佐	木下庸子		佐々木龍郎	木下庸子					
	小西泰孝	大野博史	石田敏明	貝島桃代	金田充弘	大西麻貴	下吹越武人	赤松佳珠子	乾 久美子	佐々木龍郎
	中川エリカ	谷尻 誠	木島千嘉	吉良森子	川辺直哉	平瀬有人	高橋晶子	冨永祥子	城戸崎和佐	東海林弘靖
	藤村龍至	千葉 学	濱野裕司	島田 陽	坂下加代子	藤原徹平	福島加津也	鍋島千恵	高井啓明	長谷川 豪
	前田圭介	中山英之	吉松秀樹	谷内田章夫	宮 晶子	松岡恭子	松下 督	福屋粧子	平田晃久	三原 斉
	第17回	第16回	第15回	第14回	第13回	第12回	第11回	第10回	第9回	第8回

参加大学数：		
参加学科数：		
司会：		
審査員：		

■ 優秀賞1等
■ 優秀賞2等
■ 優秀賞3等 *第1-17回までの審査員長（公開審査）は植田実
■ 優秀賞 *優秀賞1・2・3等は第4-17回のみ
■ 審査員賞 *審査員賞は第11-17回のみ

No.	大学	学部	学科	専攻／コース	
01	宇都宮大学	工学部	建設学科	建築学コース	
02	神奈川大学	工学部	建築学科	建築デザインコース	
03	関東学院大学	建築・環境学部	建築・環境学科	すまいデザインコース	*1
04	共立女子大学	家政学部	建築・デザイン学科	建築コース	
05	慶應義塾大学	理工学部	システムデザイン工学科		
06	慶應義塾大学	環境情報学部			
07	工学院大学	工学部	建築学科・建築都市デザイン学科		*2
08	工学院大学	建築学部	建築学科		
09	工学院大学	建築学部	建築デザイン学科		
10	工学院大学	建築学部	まちづくり学科		
11	国士舘大学	理工学部	理工学科	建築学系	*3
12	駒沢女子大学	人文学部	住空間デザイン学科	建築デザインコース	
13	芝浦工業大学	工学部	建築学科		
14	首都大学東京	都市環境学部	都市環境学科	建築都市コース	*4
15	昭和女子大学	生活科学部	環境デザイン学科	建築・インテリアデザインコース	*5
16	女子美術大学	芸術学部	デザイン・工芸学科	環境デザイン専攻	
17	多摩美術大学	美術学部	環境デザイン学科	インテリアデザインコース	
18	千葉工業大学	工学部	建築都市環境学科	建築設計コース	
19	千葉大学	工学部	デザイン学科		*6
20	千葉大学	工学部	都市環境システム学科		
21	筑波大学	芸術専門学群	デザイン専攻	建築デザイン領域	
22	東海大学	工学部	建築学科		
23	東海大学	情報デザイン工学部	建築デザイン学科		*7
24	東京大学	工学部	建築学科		
25	東京家政学院大学	現代生活学部	生活デザイン学科		*8
26	東京藝術大学	美術学部	建築科		
27	東京工業大学	工学部	建築学科		
28	東京電機大学	未来科学部	建築学科		*9
29	東京都市大学	工学部	建築学科		*10
30	東京理科大学	工学部	建築学科		*11
31	東京理科大学	工学部第二部	建築学科		
32	東京理科大学	理工学部	建築学科		
33	東洋大学	理工学部	建築学科		*12
34	日本大学	芸術学部	デザイン学科		*13
35	日本大学	生産工学部	建築工学科	建築総合コース	*14
36	日本大学	生産工学部	建築工学科	建築デザインコース	*15
37	日本大学	生産工学部	建築工学科	居住空間デザインコース	
38	日本大学	理工学部	建築学科		
39	日本大学	理工学部	海洋建築工学科		
40	日本工業大学	工学部	建築学科		
41	日本工業大学	工学部	生活環境デザイン学科		
42	日本女子大学	家政学部	住居学科	居住環境デザイン専攻・建築デザイン専攻	*16
43	文化学園大学	造形学部	建築・インテリア学科	建築デザインコース	
44	文化学園大学	造形学部	建築・インテリア学科	住生活デザインコース	*17
45	法政大学	デザイン工学部	建築学科		*18
46	前橋工科大学	工学部	建築学科		
47	前橋工科大学	工学部	総合デザイン工学科		
48	武蔵野大学	工学部	建築デザイン学科		*19
49	武蔵野美術大学	造形学部	建築学科		
50	明海大学	不動産学部	不動産学科	デザインコース	*20
51	明治大学	理工学部	建築学科		
52	ものつくり大学	技能工芸学部	建設学科	建築デザインコース	
53	横浜国立大学	理工学部	建築都市・環境系学科	建築EP	*21
54	早稲田大学	理工学術院 創造理工学部	建築学科		*22

*1：2012年度まで工学部建築学科／2013年度より建築・環境学部建築・環境学科に改変

*2：工学部建築学科・建築都市デザイン学科が、2011年度より建築学部建築学科・建築デザイン学科・まちづくり学科に改編

*3：2006年度入学者まで工学部建築デザイン工学科／2007年度入学者より理工学科建築学系所属

*4：2004年度まで東京都立大学工学部建築学科／2005年度より首都大学東京都市環境学部都市環境学科建築都市コース

*5：2007年度まで生活環境学科／2008年より環境デザイン学科

*6：2003年時点の学科名はデザイン工学科（現在はデザイン学科）

*7：2005年度まで第二工学部／2006年度より情報デザイン工学部

*8：2011年度まで家政学部住居学科／2012年度より現代生活学部生活デザイン学科

*9：2007年度まで工学部建築学科／2008年より未来科学部建築学科

*10：2008年度まで武蔵工業大学／2009年より東京都市大学

*11：2015年度まで工学部第一部／2016年度より工学部

*12：2009年度まで工学部建築学科／2010年度より理工学部建築学科

*13：2012年度からコース統合

*14：2010年度まで建築工学コース／2011年度より建築総合コース

*15：2010年度まで建築・環境デザインコース／2011年度より建築環境デザインコース／2013年度より建築デザインコース

*16：2009年度まで建築環境デザイン専攻／2010年度より建築デザイン専攻

*17：2013年度まで住居デザインコース／2014年度より住生活デザインコース

*18：2007年度まで工学部建築学科／2008年度よりデザイン工学部建築学科

*19：2016年度まで環境学部環境学科／2017年度より工学部建築デザイン学科

*20：2010年度まで環境デザインコース／2011年度よりデザインコース

*21：2010年度まで工学部建設学科建築学コース／2011年度より理工学部建築都市・環境系学科

*22：2006年度まで理工学部建築学科／2007年度より創造理工学部建築学科

28	28	27	26	25	23	19
37	38	34	34	32	28	24
木下庸子			城戸崎和佐			
梅本洋一	石黒由紀	篠原聡子	手塚貴晴	内村綾乃	東 利恵	池田昌弘
西山浩平	ヨコミゾマコト	玄・ベルトー・進来	西田 司	木下庸子	岩岡竜夫	佐藤光彦
吉村靖孝	佐藤 淳		藤本壮介	手塚由比	北山 恒	西沢立衛
		マニュエル・タルディッツ		長尾亜子	西沢大良	中村好文
						藤江和子
第7回	第6回	第5回	第4回	第3回	第2回	第1回

住宅課題賞 ── 歴代参加大学・学科リスト

住宅課題賞｜各回インフォメーション＋受賞作品

［主催］　　一般社団法人 東京建築士会
［公開審査］　審査員長：植田 実(第1-17回)
　　　　　　司会：城戸崎和佐(第1-4回・17回)／木下庸子(第5-13・15・16回)／佐々木龍郎(第14回)
［会場構成］　城戸崎和佐(第1-7回)／葭内博史(第8-13回)／澤田 勝(第14回)／村山 圭(第11-17回インストール／プロジェクト・マネジメント)

［第1回］
会期：2001年7月2日(月)—13日(金)〈土日休館｜10日間〉
会場：ギャラリー・タイセイ(西新宿)
公開審査：7月6日(金)＠新宿センタービル52階 大成建設小ホール
審査員：池田昌弘／佐藤光彦／西沢立衛／中村好文／藤江和子
参加大学数・学科数：19大学／24学科
優秀賞(4作品選出)：
- 鈴木清巳｜多摩美術大学 美術学部 環境デザイン学科
- 今井圭｜東京理科大学 理工学部 建築学科
- 宮澤里紗｜日本女子大学 家政学部 住居学科
- 鬼木孝一郎｜早稲田大学 理工学部 建築学科

［第2回］
会期：2002年7月8日(月)—19日(金)〈土日休館｜10日間〉
会場：DIC COLOR SQUARE(日本橋)
公開審査：7月12日(金)＠ディーアイシービル17階 DIC大会議室
審査員：東利恵／岩岡竜夫／北山恒／西沢大良
参加大学数・学科数：23大学／28学科
優秀賞(5作品選出)：
- 清水孝子｜神奈川大学 工学部 建築学科
- 永尾達也｜東京大学 工学部 建築学科
- 村瀬聡｜日本大学 理工学部 建築学科
- 藤田美湖｜日本女子大学 家政学部 住居学科
- 渡邉文隆｜横浜国立大学 工学部 建設学科

［第3回］
会期：2003年7月11日(金)—19日(土)〈土日含む9日間〉
会場：DIC COLOR SQUARE(日本橋)
公開審査：7月19日(土)＠ディーアイシービル17階 DIC大会議室
審査員：内村綾乃／木下庸子／手塚由比／長尾亜子
参加大学数・学科数：25大学／32学科
優秀賞(5作品選出)：
- 周防貴之｜慶應義塾大学 理工学部 システムデザイン工学科
- 安田淑乃｜東海大学 工学部 建築学科
- 秋山怜史｜東京都立大学 工学部 建築学科
- 柏原知恵｜東京理科大学 理工学部 建築学科
- 吉川美鈴｜日本大学 理工学部 建築学科

第2-5回の住宅課題賞は日本橋にあったDIC COLOR SQUARE(2013年2月閉館)にて住宅建築賞と併設で展示が行なわれた。写真は第3回(2003年)の様子。

[第4回]
会期：2004年7月9日(金)—17日(土)〈土日含む9日間〉会場：DIC COLOR SQUARE(日本橋)
公開審査：7月17日(土)@ディーアイシービル17階 DIC大会議室 審査員：手塚貴晴/西田司/藤本壮介
参加大学数・学科数：26大学/34学科
優秀賞(9作品選出)：
• 1等・課題名「数学者の家」斎藤洋介｜東京理科大学 工学部第二部 建築学科
• 2等・課題名「A house for expanded family 〜変わる家族と変わる住まい〜」原賀裕美｜日本女子大学 家政学部 住居学科
• 2等・課題名「立体空地をもつ家具的/装置的」尾崎悠子｜早稲田大学 理工学部 建築学科
• 3等・課題名「ぶどうの家」山野井靖｜明治大学 理工学部 建築学科
• 課題名「目黒川ギャラリー Gallery located at Meguro riverside」吉田圭吾｜東海大学 工学部 建築学科
• 課題名「非住宅」佐々木隆允｜東京都立大学 工学部 建築学科
• 課題名「集合住宅」中村芽久美｜武蔵工業大学 工学部 建築学科
• 課題名「4人をつなぐ家」石川和樹｜神奈川大学 工学部 建築学科
• 課題名「屋外の生活が楽しめる家」須磨哲生｜慶應義塾大学 理工学部 システムデザイン工学科

[第5回]
会期：2005年7月8日(金)—16日(土)〈土日含む9日間〉会場：DIC COLOR SQUARE(日本橋)
公開審査：7月16日(土)@ディーアイシービル17階 DIC大会議室 審査員：篠原聡子/玄・ベルトー・進来/マニュエル・タルディッツ
参加大学数・学科数：27大学/34学科
優秀賞(10作品選出)：
• 1等・課題名「多世代多世帯住宅」中西祐輔｜前橋工科大学 工学部 建築学科
• 2等・課題名「空地に建つ立体「家具」住居」印牧洋介｜早稲田大学 理工学部 建築学科
• 3等・課題名「あなたの家族に新しいメンバー(又は物)が加わり、生活スタイルが一新することに…新しい生活を包容できる住まい」
　逸見豪｜東京大学 工学部 建築学科
• 3等・課題名「瓢箪坂の家」小坂怜｜東京理科大学 工学部第二部 建築学科
• 課題名「集住体A(都心居住)」クナウブ絵里奈｜神奈川大学 工学部 建築学科
• 課題名「余白の住宅(屋外生活を楽しめる家)」上田将之｜慶應義塾大学 理工学部 システムデザイン工学科
• 課題名「帷子川と二俣川に挟まれた三角形敷地に建つ住宅」内海慎一｜慶應義塾大学 環境情報学部 環境情報学科
• 課題名「様々な生活シーンを生み出す住宅」野原修｜芝浦工業大学 工学部 建築学科
• 課題名「集合住宅設計」金澤愛｜日本大学 生産工学部 建築工学科
• 課題名「○のない家」北川美菜子｜横浜国立大学 工学部 建設学科

[第6回]
会期：2006年10月25日(水)—11月10日(金)〈11/4・日・祝日休館〉13日間〉会場：ギャラリー エー クワッド(東陽町)
公開審査：10月28日(土)@竹中工務店東京本店2階 Aホール 審査員：石黒由紀/ヨコミゾマコト/佐藤淳
参加大学数・学科数：28大学/38学科
優秀賞(9作品選出)：
• 1等・課題名「床・壁・天井による住空間の構成」中山佳子｜法政大学 工学部 建築学科
• 2等・課題名「土手沿いにあるタウンハウスの設計」當山晋也｜前橋工科大学 工学部 建築学科
• 課題名「外部を意識した家」藤友美｜神奈川大学 工学部 建築学科
• 課題名「公団住宅のリノベーション」高畑緑｜昭和女子大学 生活科学部 生活環境学科
• 課題名「ミニマル・コンプレックス」古山容子｜筑波大学 芸術専門学群 デザイン専攻
• 課題名「ふたりの棲家」行木慎一郎｜東京理科大学 工学部第一部 建築学科
• 課題名「神楽坂の家」松本大輔｜東京理科大学 工学部第二部 建築学科
• 課題名「とても小さな家ととても大きな家」川口智子｜日本女子大学 家政学部 住居学科
• 課題名「緑道沿いの集合住宅」又地裕也｜明治大学 理工学部 建築学科

[第7回]
会期：2007年10月24日(水)—11月9日(金)〈日・祝日休館〉14日間〉会場：ギャラリー エー クワッド(東陽町)
公開審査：10月27日(土)@竹中工務店東京本店2階 Aホール 審査員：梅本洋一/西山浩平/吉村靖孝
参加大学数・学科数：28大学/37学科
優秀賞(7作品選出)：
• 1等・課題名「二世帯住宅の設計」尾形模空｜前橋工科大学 工学部 建築学科
• 2等・課題名「店舗を持つ二世帯住宅と賃貸住宅」宇田川あやの｜東京理科大学 工学部第二部 建築学科
• 3等・課題名「ゴージャスな建築」山口紗由｜日本女子大学 家政学部 住居学科
• 課題名「house=morphology+dimension」藤原一世｜東京藝術大学 美術学部 建築科
• 課題名「3-5世帯のための集合住宅を設計する」金光宏泰｜早稲田大学 理工学部 建築学科
• 課題名「○○から新しい住宅を考える」斉藤拓海｜東京大学 工学部 建築学科
• 課題名「洗足の連続住棟建替計画」小倉万実｜昭和女子大学 生活科学部 生活環境学科

［第8回］
会期：2008年10月22日（水）―11月7日（金）〈10/25・日・祝日休館｜13日間〉　会場：ギャラリー エー クワッド（東陽町）
公開審査：11月1日（土）＠竹中工務店東京本店2階 Aホール　審査員：佐々木龍郎／東海林弘靖／長谷川豪／三原斉
参加大学数・学科数：28大学／38学科
優秀賞（7作品選出）:
- ●1等・課題名「○○のない家」山内祥吾｜横浜国立大学 工学部 建設学科 建築学コース
- ●2等・課題名「集合住宅の設計」湯浅絵里奈｜東京電機大学 工学部 建築学科
- ●3等・課題名「狛江の住宅」北野克弥｜東京藝術大学 美術学部 建築科
- ●3等・課題名「共用スペースのある二世帯住宅」西郷朋子｜東京理科大学 工学部第二部 建築学科
- ●課題名「外部を意識した家」杉山聖昇｜神奈川大学 工学部 建築学科 デザインコース
- ●課題名「ミニマル・コンプレックス」勢井彩華｜筑波大学 芸術専門学群 デザイン科 建築デザイン領域
- ●課題名「奥矢さんの家」芝山雅子｜武蔵野美術大学 造形学部 建築学科

［第9回］
会期：2009年10月15日（木）―11月6日（金）〈日・祝日休館｜19日間〉　会場：ギャラリー エー クワッド（東陽町）
公開審査：10月31日（土）＠竹中工務店東京本店2階 Aホール　審査員：乾久美子／城戸崎和佐／高井啓明／平田晃久
参加大学数・学科数：33大学／43学科
優秀賞（9作品選出）:
- ●1等・課題名「集合住宅の設計」鈴木智博｜慶應義塾大学 理工学部 システムデザイン工学科
- ●2等・課題名「世田谷の住宅」野上晴香｜東京理科大学 理工学部 建築学科
- ●3等・課題名「住宅の設計プロセスを設計する」平野有良｜首都大学東京 都市環境学部 都市環境学科 建築都市コース
- ●3等・課題名「○○のない家」徳山史典｜横浜国立大学 工学部 建設学科 建築学コース
- ●課題名「時間と住宅―40年を設計する―」杉崎瑞穂｜神奈川大学 工学部 建築学科 デザインコース
- ●課題名「階段と家」田口慧｜東海大学 工学部 建築学科
- ●課題名「コーポラティブハウス」倉雄作｜東京都市大学 工学部 建築学科
- ●課題名「兄弟世帯が暮らす家」田島綾菜｜前橋工科大学 工学部 建築学科
- ●課題名「集合住宅＋A」堀駿｜早稲田大学 理工学術院 創造理工学部 建築学科

［第10回］
会期：2010年10月25日（月）―11月5日（金）〈日・祝日休館｜10日間〉　会場：ギャラリー エー クワッド（東陽町）
公開審査：10月30日（土）＠竹中工務店東京本店2階 Aホール　審査員：赤松佳珠子／冨永祥子／鍋島千恵／福屋粧子
参加大学数・学科数：34大学／44学科
優秀賞（7作品選出）:
- ●1等・課題名「小住宅設計」河内駿介｜千葉工業大学 工学部 建築都市環境学科
- ●2等・課題名「世田谷の住宅」村松佑樹｜東京理科大学 理工学部 建築学科
- ●3等・課題名「自然のなかの居住単位」佐久間純｜横浜国立大学 工学部 建設学科 建築学コース
- ●課題名「五坪のすまい」小林誠｜東京藝術大学 美術学部 建築科
- ●課題名「住宅の改築と新築」日野顕一｜東京理科大学 工学部第二部 建築学科
- ●課題名「ドミトリー／個人の集まる居住形態」西川博美｜日本工業大学 工学部 建築学科
- ●課題名「集合住宅課題」瀬川翠｜日本女子大学 家政学部 住居学科 建築環境デザイン専攻

［第11回］
会期：2011年10月17日（月）―11月4日（金）〈日・祝日休館｜16日間〉　会場：ギャラリー エー クワッド（東陽町）
公開審査：10月29日（土）＠竹中工務店東京本店2階 Aホール　審査員：下吹越武人／高橋晶子／福島加津也／松下督
参加大学数・学科数：35大学／44学科
優秀賞（3作品選出）:
- ●1等・課題名「自然のなかの居住単位」ヤップ・ミンウェイ｜横浜国立大学 工学部 建設学科 建築学コース
- ●2等・課題名「『集まって住む』をデザインする」堀裕平｜日本大学 生産工学部 建築工学科 建築環境デザインコース
- ●3等・課題名「11戸のテラスハウス―広瀬川×260mの風景―」矢端孝平｜前橋工科大学 工学部 建築学科
審査員賞（5作品選出）:
- ●植田賞・課題名「何かがある家」大槻茜｜東洋大学 理工学部 建築学科
- ●下吹越賞・課題名「20年後の私の家」清宮あやの｜東京理科大学 理工学部 建築学科
- ●高橋賞・課題名「3-5世帯のための集合住宅を設計する」塩谷歩波｜早稲田大学 理工学術院 創造理工学部 建築学科
- ●福島賞・課題名「仕事場をもつ家」蔵永むつみ｜工学院大学 工学部 建築学科 建築学コース
- ●松下賞・課題名「MY HOUSE ～上を向いて住まう～」木村和｜日本大学 芸術学部 デザイン学科 建築デザインコース

［第12回］
会期：2012年10月9日(火)―11月9日(金)〈日・祝日休館｜27日間〉 会場：ギャラリー エー クワッド（東陽町）
公開審査：10月27日(土)＠竹中工務店東京本店2階 Aホール　審査員：大西麻貴／平瀬有人／藤原徹平／松岡恭子
参加大学数・学科数：34大学／44学科
優秀賞（3作品選出）：
- 1等・課題名「自然と生活、そしてリズム」北城みどり｜東京藝術大学 美術学部 建築科
- 2等・課題名「神楽坂に住む」仲尾梓｜東京理科大学 工学部第一部 建築学科
- 3等・課題名「集合住宅」小出杳｜日本大学 生産工学部 建築工学科 居住空間デザインコース

審査員賞（5作品選出）：
- 植田賞・課題名「ミニマル・コンプレックス」鈴木陸｜筑波大学 芸術専門学群 デザイン専攻 建築デザインコース
- 大西賞・課題名「10人が集まって住む空間」袴田千晶｜武蔵野大学 環境学部 環境学科 都市環境専攻
- 平瀬賞・課題名「松濤プロジェクト（都心部における住宅＋αの新しい可能性を提案する）」
  田中裕太｜武蔵野美術大学 造形学部 建築学科
- 藤原賞・課題名「集合住宅の設計」嶋田恵｜東京電機大学 未来科学部 建築学科
- 松岡賞・課題名「『○○に住む』―上町をリサーチし提案する―」
  渡辺知代｜昭和女子大学 生活科学部 環境デザイン学科 建築・インテリアデザインコース

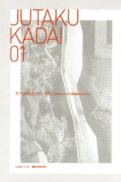

住宅課題賞2001–2012
［建築系大学住宅課題優秀作品展］
（2013年、総合資格）

［第13回］
会期：2013年10月7日(月)―12月25日(金)〈土・日・祝日休館｜15日間〉※19日(土)は開館
会場：ギャラリー エー クワッド（東陽町）
公開審査：10月19日(土)＠竹中工務店東京本店2階 Aホール　審査員：金田充弘／川辺直哉／坂下加代子／宮晶子
参加大学数・学科数：35大学／44学科
優秀賞（3作品選出）：
- 1等・課題名「別荘＝もうひとつのイエ」原彩乃｜東京理科大学 理工学部 建築学科
- 2等・課題名「家族をリスタートする住宅」上ノ内智貴｜東洋大学 理工学部 建築学科
- 2等・課題名「まちなかにある集合住宅」井津利貴｜前橋工科大学 工学部 建築学科

審査員賞（5作品選出）：
- 植田賞・課題名「日工大学寮」伊藤万里｜日本工業大学 工学部 建築学科
- 金田賞・課題名「都市居住（都市機能を併設させた新しい集合住宅のかたち）」
  川田裕｜工学院大学 工学部 建築学科 建築学コース
- 川辺賞・課題名「集合住宅の設計」田村聖輝｜東京電機大学 未来科学部 建築学科
- 坂下賞・課題名「庭をもつ2世帯住宅」千葉春波｜関東学院大学 工学部 建築学科 建築コース
- 宮賞・課題名「友だちと使う風呂小屋」中津川毬江｜東海大学 工学部 建築学科

住宅課題賞2013
［建築系大学住宅課題優秀作品展］
（2014年、総合資格）

［第14回］
会期：2014年11月4日(火)―21日(金)〈土・日休館｜15日間〉※15日(土)は開館　会場：ギャラリー エー クワッド（東陽町）
公開審査：11月15日(土)＠竹中工務店東京本店1階 食堂　審査員：貝島桃代／吉良森子／島田陽／谷内田章夫
参加大学数・学科数：36大学／45学科
優秀賞（4作品選出）：
- 1等・課題名「まちなかにある集合住宅」松本寛司｜前橋工科大学 工学部 建築学科
- 2等・課題名「都市居住（都市機能を併設させた新しい集合住宅のかたち）」
  小池萌子｜工学院大学 建築学部 建築デザイン学科
- 3等・課題名「場の記憶（既存建物に住宅＋αの新しい可能性を提案する）」
  池川健太｜武蔵野美術大学 造形学部 建築学科
- 3等・課題名「今日的な共用住宅（シェアハウス）」立原磨乃｜明海大学 不動産学部 不動産学科 デザインコース

審査員賞（5作品選出）：
- 植田賞・課題名「森の大きな家」鈴木智子｜東京理科大学 工学部第二部 建築学科
- 貝島賞・課題名「『農』を介して集い、住む環境」横尾周｜慶應義塾大学 総合政策学部 総合政策学科
- 吉良賞・課題名「風景の中の住空間―夫婦がくつろげる週末住宅―」
  池上里佳子｜多摩美術大学 美術学部 環境デザイン学科 建築デザインコース
- 島田賞・課題名「未完の住処」山岸龍弘｜法政大学 デザイン工学部 建築学科
- 谷内田賞・課題名「集合住宅の設計」白石矩子｜東京電機大学 未来科学部 建築学科

住宅課題賞2014
［建築系大学住宅課題優秀作品展］
（2015年、総合資格）

[第15回]
会期：2015年10月19日(月)—11月6日(金)〈土・日・祝休館｜15日間〉※24日(土)は開館
会場：ギャラリー エー クワッド（東陽町）
公開審査：10月24日(土)＠竹中工務店東京本店2階 Aホール　審査員：石田敏明／木島千嘉／濱野裕司／吉松秀樹
参加大学数・学科数：37大学／48学科
優秀賞（3作品選出）：
- 1等・課題名「大きな家」間野知英｜法政大学 デザイン工学部 建築学科
- 2等・課題名「目黒川沿いの集合住宅」牧戸倫子｜明治大学 理工学部 建築学科
- 3等・課題名「大久保通りを元気にする集合住宅——多様性を取り込んだ集合住宅」
  伊藤優太｜日本大学 生産工学部 建築工学科 建築環境デザインコース

審査員賞（5作品選出）：
- 植田賞・課題名「住宅Ⅱ」川口ほたる｜東京藝術大学 美術学部 建築科
- 石田賞・課題名「様々に変化する生活シーンを考えた住宅」斉藤有生｜芝浦工業大学 工学部 建築学科
- 木島賞・課題名「住宅」伊勢萌乃｜日本大学 理工学部 建築学科
- 濱野賞・課題名「働きながら住む10世帯の空間」岩田舞子｜武蔵野大学 環境学部 環境学科 都市環境専攻
- 吉松賞・課題名「神楽坂に住む」御薗生美久｜東京理科大学 工学部第一部 建築学科

住宅課題賞2015
［建築系大学住宅課題優秀作品展］
（2016年、総合資格）

[第16回]
会期：2016年11月7日(月)—11月22日(火)〈土・日休館｜13日間〉※12日(土)は開館
会場：ギャラリー エー クワッド（東陽町）
公開審査：11月12日(土)＠竹中工務店東京本店2階 Aホール　審査員：大野博史／谷尻 誠／千葉 学／中山英之
参加大学数・学科数：37大学／48学科
優秀賞（3作品選出）：
- 1等・課題名「住宅Ⅰ」湊崎由香｜東京藝術大学 美術学部 建築科
- 2等・課題名「経堂プロジェクト——住宅＋αの新しい可能性を提案する——」
  羽根田雄仁｜武蔵野美術大学 造形学部 建築学科
- 3等・課題名「Tokyo Guest House」羽田野美樹｜法政大学 デザイン工学部 建築学科

審査員賞（5作品選出）：
- 植田賞・課題名「子沢山の街」鶴田 叡｜東京都市大学 工学部 建築学科
- 大野賞・課題名「シェアハウスの設計」坂本佳奈｜日本工業大学 工学部 生活環境デザイン学科
- 谷尻賞・課題名「父建築と母建築の遺伝子を継承した子建築を創りなさい」
  吉川新之佑｜慶應義塾大学 環境情報学部
- 千葉賞・課題名「風景の中の住空間——一家がくつろげる週末住宅——」
  田丸文菜｜多摩美術大学 美術学部 環境デザイン学科 建築デザインコース
- 中山賞・課題名「MAD City House」磯貝小梅｜千葉大学 工学部 都市環境システム学科

住宅課題賞2016
［建築系大学住宅課題優秀作品展］
（2017年、総合資格）

[第17回]
会期：2017年11月21日(火)—11月29日(水)〈日曜休館｜8日間〉
会場：ギャラリー エー クワッド（東陽町）
公開審査：11月25日(土)＠竹中工務店東京本店2階 Aホール　審査員：小西泰孝／中川エリカ／藤村龍至／前田圭介
参加大学数・学科数：37大学／48学科
主催：一般社団法人 東京建築士会
後援：公益社団法人 日本建築士会連合会／一般社団法人 東京都建築士事務所協会
　　　一般社団法人 日本建築学会 関東支部／公益社団法人 日本建築家協会 関東甲信越支部
　　　株式会社 新建築社／株式会社 エクスナレッジ
協賛：ファーバーカステル
特別協賛：株式会社 総合資格
協力：公益財団法人 ギャラリー エー クワッド／工学院大学 木下庸子研究室
優秀賞（3作品選出）：
- 1等・課題名「都市／住宅」菅野 楓｜関東学院大学 建築・環境学部 建築・環境学科 すまいデザインコース
- 2等・課題名「「2つある」住宅」金 俊浩｜横浜国立大学 理工学部 建築都市・環境系学科 建築EP
- 3等・課題名「都市居住（都市施設を併設させた新しい都市のかたち）」
  日下あすか｜工学院大学 建築学部 建築デザイン学科

審査員賞（5作品選出）：
- 植田賞・課題名「目黒川沿いの集合住宅」大方利希也｜明治大学 理工学部 建築学科
- 小西賞・課題名「〇〇の住宅」堀内那央｜日本大学 生産工学部 建築工学科 居住空間デザインコース
- 中川賞・課題名「住宅」烏山亜紗子｜日本大学 理工学部 建築学科
- 藤村賞・課題名「成城プロジェクト——住宅＋αの新しい可能性を提案する——」
  渡邉 和｜武蔵野美術大学 造形学部 建築学科
- 前田賞・課題名「畳のある集合住宅」工藤浩平｜東京都市大学 工学部 建築学科

住宅課題賞2017
［建築系大学住宅課題優秀作品展］
（2018年、総合資格）

総合資格インフォメーション
在学中から二級建築士を！

技術者不足からくる建築士の需要

東日本大震災からの復興、公共事業の増加、さらに 2020 年の東京オリンピック開催と、建設需要は今後さらに拡大することが予想されます。しかし一方で、人材不足はますます深刻化が進み、特に監理技術者・主任技術者の不足は大きな問題となっています。

使える資格、二級建築士でキャリアの第一歩を

「一級建築士を取得するから二級建築士はいらない」というのは昔の話です。建築士法改正以降、建築士試験は一級・二級ともに内容が大幅に見直され、年々難化してきています。働きながら一度の受験で一級建築士を取得することは、非常に難しい状況です。
しかし、二級建築士を取得することで、住宅や事務所の用途であれば木造なら 3 階建て 1000㎡まで、鉄骨や RC なら 3 階建て 300㎡まで設計が可能です。多くの設計事務所ではこの規模の業務が中心となるため、ほとんどの物件を自分の責任で設計監理できることになります。また住宅メーカーや住宅設備メーカーでは、二級建築士は必備資格となっています。さらに、独立開業に必要な管理建築士の資格を二級建築士として取得しておけば、将来一級建築士を取得した際に、即一級建築士事務所として開業できます。二級建築士は実務的にも使える、建築士としてのキャリアの第一歩として必須の資格といっても過言ではありません。

大学院生は在学中に二級建築士を取得しよう

大学院生は修士 1 年（以下、M1）で二級建築士試験が受験可能となります。在学中に取得し、入社後の早いうちから責任ある立場で実務経験を積むことが、企業からも求められています。また、人の生命・財産をあつかう建築のプロとして、高得点での合格が望ましいといえます。
社会人になれば、今以上に忙しい日々が待っています。在学中（学部 3 年次）から勉強をスタートしましょう。M1 で二級建築士を取得しておけば就職活動にも有利です。建築関連企業に入社した場合、学習で得た知識を実務で生かせます。大学卒業後就職する方も、就職 1 年目に二級建築士資格を取得しておくべきです。

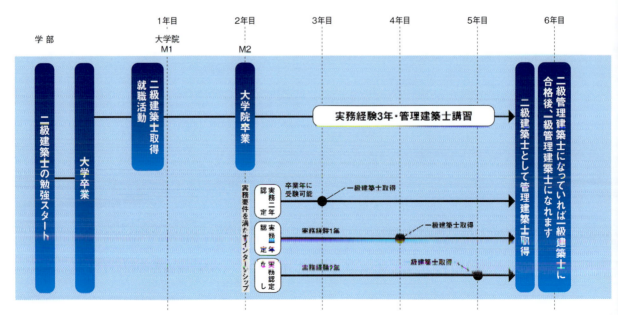

※学校・課程から申請のあった開講科目で、指定科目に該当することが認定されている科目については、試験実施機関である（公財）建築技術教育普及センターのホームページ（http://www.jaeic.or.jp/）に掲示されています。

早期資格取得で活躍の場が広がる！

建築士の早期取得で会社に貢献できる

会社の経営状況を審査する指標として「経営事項審査（以下、経審）」があります。経審は建設業者を点数で評価する制度です。公共工事への入札に参加する業者は必ず受けなければなりません。

経審には技術職員点数が評価される"技術力項目"があり、全体の約25％のウェイトを占めています。一級建築士が5点、二級建築士が2点、無資格者は0点、10年経験を積んだ無資格者が1点と評価されます。つまり、大学院在学中に二級建築士を取得すれば、入社後すぐに2点の貢献（※）ができるため、就職活動も有利に進められます。新入社員であっても、無資格の先輩社員よりも高く評価されることでしょう。※雇用条件を満たすために6ヶ月以上の雇用実績が必要

1級資格者の技術力は、10年の実務経験よりはるかに高く評価されている

入社年次	1年目	2年目	3年目	4年目	5年目	6年目	7年目	8年目	9年目	10年目	11年目
大学院で2級建築士を取得した Aさん	2級建築士取得 2点	2点	2点	1級建築士取得 5点	5点	5点	5点	5点	5点	5点	5点
入社してすぐ2級建築士に合格した Bさん	無資格 0点	2級建築士取得 2点	2点	5点	1級建築士取得 5点	5点	5点	5点	5点	5点	5点
無資格のC先輩	無資格 0点	0点	0点	0点	0点	0点	0点	0点	0点	0点	無資格 1点

建築のオールラウンドプレーヤーになろう

建築士試験では最新の技術や法改正が問われます。試験対策の学習をすることで、合否に関わらず、建築のオールラウンドプレーヤーとして働ける知識が身につきます。平成27年の一級建築士試験では、平成26年施行の「特定天井」に関する法改正から出題されました。二級建築士試験では、平成25年に改正された「耐震改修」の定義に関して出題されました。実務を意識した出題や社会情勢を反映した出題も見られます。そのため、試験対策をしっかりとすることで、会社で一番建築の最新知識や法改正に詳しい存在として重宝され、評価に繋がるのです。

建築士資格を取得することで、会社からの評価は大きく変わります。昇進や生涯賃金にも多大な影響を与え、無資格者との格差は開いていくばかりです。ぜひ、資格を早期取得して、実りある建築士ライフを送りましょう。

難化する二級建築士試験

平成16年度と29年度の合格者属性「受験資格別」の項目を比較すると、「学歴のみ」の合格者が20ポイント以上も増加しています。以前までなら直接一級を目指していた高学歴層が二級へと流入している状況がうかがえます。二級建築士は、一級に挑戦する前の基礎学習として人気が出てきているようです。その結果、二級建築士試験は難化傾向が見られます。資格スクールの利用も含め、合格のためには万全の準備で臨む必要があります。

■ 二級建築士試験の受験資格

建築士法第15条	建築に関する学歴等	建築実務の経験年数
第一号	大学（短期大学を含む）又は高等専門学校において、指定科目を修めて卒業した者	卒業後0～2年以上
第二号	高等学校又は中等教育学校において、指定科目を修めて卒業した者	卒業後3～4年以上
第三号	その他都道府県知事が特に認める者（注）（「知事が定める建築士法第15条第三号に該当する者の基準」に適合する者）	所定の年数以上
	建築設備士	0年
第四号	建築に関する学歴なし	7年以上

（注）「知事が定める建築士法第15条第三号に該当する者の基準」に基づき、あらかじめ学校・課程から申請のあった開講科目が指定科目に該当すると認められた学校以外の学校（外国の大学等）を卒業して、それを学歴とする場合には、建築士法において学歴と認められる学校の卒業者と同等以上であることを証するための書類が必要となります。提出されないときは、「受験資格なし」と判断される場合があります。詳細は試験実施機関である（公財）建築技術教育普及センターのHP（http://www.jaeic.or.jp/）にてご確認ください。

■ 学校等別、必要な指定科目の単位数と建築実務の経験年数（平成21年度以降の入学者に適用）

学校等			指定科目の単位数	建築実務の経験年数
大学、短期大学、高等専門学校、職業能力開発総合大学校、職業能力開発大学校、職業能力開発短期大学校			40	卒業後0年
			30	卒業後1年以上
			20	卒業後2年以上
高等学校、中等教育学校			20	卒業後3年以上
			15	卒業後4年以上
専修学校	高等学校卒		40	卒業後0年
			30	卒業後1年以上
		修業2年以上	20	卒業後2年以上
		修業1年以上	20	卒業後3年以上
	中学校卒	修業2年以上	15	卒業後4年以上
		修業1年以上	10	卒業後5年以上
職業訓練校等	高等学校卒	修業3年以上	30	卒業後1年以上
		修業2年以上	20	卒業後2年以上
		修業1年以上		卒業後3年以上
	中学校卒	修業3年以上	20	卒業後3年以上
		修業2年以上	15	卒業後4年以上
		修業1年以上	10	卒業後5年以上

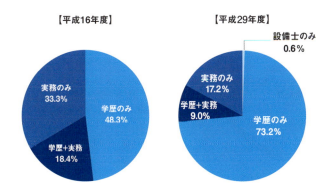

【平成16年度】 実務のみ 33.3% / 学歴のみ 48.3% / 学歴+実務 18.4%

【平成29年度】 設備士のみ 0.6% / 実務のみ 17.2% / 学歴+実務 9.0% / 学歴のみ 73.2%

総合資格学院は学科試験も設計製図試験も「日本一」の合格実績！

平成29年度 1級建築士 学科＋設計製図試験

全国ストレート合格者 1,564名中／
総合資格学院当年度受講生 1,105名

全国ストレート合格者の7割以上は総合資格学院の当年度受講生！

ストレート合格者占有率 **70.7%**
〈平成29年12月21日現在〉

平成30年度はより多くの受験生のみなさまを合格へ導けるよう全力でサポートしてまいります。

平成30年度 1級建築士設計製図試験
学科・製図ストレート合格者占有率目標

全国ストレート合格者**全員**を総合資格学院当年度受講生で！
ストレート合格者占有率 **100%** 〈目標〉

平成29年度 1級建築士 設計製図試験

全国合格者 3,365名中／
総合資格学院当年度受講生 2,145名

全国合格者のおよそ3人に2人は総合資格学院の当年度受講生！

合格者占有率 **63.7%**
〈平成29年12月21日現在〉

平成29年度 1級建築士 学科試験

全国合格者 4,946名中／
総合資格学院当年度受講生 2,607名

全国合格者の2人に1人以上は総合資格学院の当年度受講生！

合格者占有率 **52.7%**
〈平成29年9月13日現在〉

おかげさまで「1級建築士合格者数日本一」を達成し続けています。これからも有資格者の育成を通じて、業界の発展に貢献して参ります。

総合資格学院 学院長 岸 隆司